RALPH MARTIN

EIN AMERIKANER IN BERLIN

WIE EIN NEW YORKER LERNTE, DIE DEUTSCHEN ZU LIEBEN

RALPH MARTIN

EIN AMERIKANER IN BERLIN

WIE EIN NEW YORKER LERNTE, DIE DEUTSCHEN ZU LIEBEN

Aus dem Englischen
von Sophie Zeitz

DUMONT

Erste Auflage 2009

Übersetzung: Sophie Zeitz
Satz: Fagott, Ffm
Gesetzt aus der DTL Documenta und der Antique Olive
Gedruckt auf säurefreiem und chlorfrei gebleichtem Papier
Druck und Verarbeitung: CPI – Clausen & Bosse, Leck
Printed in Germany

ISBN 978-3-8321-9515-1

INHALT

Vorwort 7
Pour some Sugar on me 19
Schwuchteljeans 37
Wirtschaftswunder 55
Prinz Germany 71
Gesetz und Ordnung 91
Der Gourmet-Deutsche 109
Blind Date in Kanada 125
Der Wohlfahrtskönig 141
Ralphy Le Rouge 161
Die Macht der Wahrheit 177

Für Julie

VORWORT

Der Friedrich-Ludwig-Jahn-Sportpark am Prenzlauer Berg umfasst neben dem Stadion mit 20 000 Sitzplätzen auch einen kleinen, von Maschendraht umzäunten Sportplatz mit einer Tartanbahn. Eine Tribüne gibt es nicht, nur eine Betonhütte steht verloren in der Gegend herum, und das einzige Tor ist immer abgesperrt. Auf einem Schild steht »Zutritt für Unbefugte verboten«.

Hier ging ich in meinem ersten Winter in Berlin fast jeden Abend joggen. Ich kam mir wie das Mitglied eines kriminellen Geheimbunds vor: den illegalen Joggern vom Prenzlauer Berg, dieser kleinen Elitetruppe, die in eiskalter Dunkelheit über einen Stapel alter Holzkisten kletterte und dabei für ein bisschen Bewegung den Hals riskierte. Nach zehn Jahren in New York war ich alles andere als fit und schaffte kaum zwei Runden, ohne hustend eine Pause einzulegen. Aber ich brauchte die Abwechslung: Ende des Sommers war ich ohne Aussicht auf Arbeit nach Berlin gezogen, und ich hatte immer noch keine Beschäftigung gefunden. Mir fehlten Fähigkeiten, die sich vermarkten ließen, und außerdem sprach ich fast kein Wort Deutsch. Der eingeschworene Club der Abendjogger, von denen nie mehr als zwei oder drei zur gleichen Zeit ihre Runden zogen, wurde zum Höhepunkt meines gesellschaftlichen Lebens, und auch wenn wir nie ein Wort wechselten, gaben sie mir doch das Gefühl dazuzugehören, und dieses Gefühl hatte ich dringend nötig.

Eines besonders eisigen Abends im Januar zog ich gewohnt langsam meine Kreise, als ich jemanden mit ziemlichem Tempo von hinten näherkommen hörte. Mir lief immer ein erwartungsvoller Schauer über den Rücken, wenn sich mir in jenen stillen Dämmerstunden jemand näherte, denn außerhalb unserer Wohnung war dies die engste Form von gesellschaftlichem Kontakt für mich. Doch als dieser Jogger nahe genug zum Überholen war, kippte die Stimmung. Er versuchte gar nicht zu passieren. Ich spürte seinen Atem im Nacken, so dicht war er mir auf den Fersen. Nach ein paar Sekunden knurrte und schnaufte er ungeduldig.

In elf Jahren New York war mir so etwas nie passiert. Auch wenn New York heute viel sicherer ist als früher, ist es immer noch ein gefährlicher Ort, und die Menschen sind sehr darauf bedacht, Abstand zueinander zu halten. Weil mir nichts Besseres einfiel, blieb ich, wo ich war, auf der Innenbahn. So hätten wir stundenlang weiterlaufen können, wäre mein Hintermann nicht irgendwann explodiert. Wütend grunzte er »Ach, Mann!« und zog außen an mir vorbei. In Sekunden war er davongeprescht. Ich lief zum Zaun, kletterte hinüber und suchte das Weite.

Zu Hause erzählte ich keuchend, was passiert war.

»Du bist auf der Innenbahn gelaufen?«, sagte meine Freundin. Zu jener Zeit war sie die einzige Deutsche, die ich näher kannte. »Das ist die Überholspur. Du hast ihm den Weg versperrt.«

»Aber ... aber wir waren auf einem *Sportplatz*«, stotterte ich.

»Ich weiß, ich weiß«, tröstete sie mich. »Der Typ hat wohl etwas übertrieben. Na ja, willkommen in Deutschland.«

Dies ist die Geschichte eines Flüchtlings. Der Flüchtling war ich, und Berlin nahm mich auf.

Doch ich war nicht irgendein Flüchtling. Ich war ein Flüchtling aus New York, die kritischste, undankbarste Art von Flüchtling überhaupt. Andere Einwanderer rücken zu Miniaturversionen ihrer – beispielsweise – anatolischen Dörfer zusammen, während sie in der Fremde ihren Lebensunterhalt verdienen. Wir New Yorker dagegen bilden uns ein, dass unsere Stadt einmalig ist und nicht nachgeahmt werden kann; außerdem gehen wir davon aus, dass uns, egal wo wir hinkommen, nichts als Dummheit, Stillosigkeit und Faulheit begegnen wird. Irgendwann werden wir wahnsinnig darüber, oder wir passen uns an. Ich bin mir noch nicht ganz sicher, was auf mich zutrifft.

In meinen ersten vier Monaten in Berlin war ich mir oft wie eine Comicfigur im Griff von unheimlichen Kräften vorgekommen: Meine amerikanische Natur – gesetzlos und ungestüm – prallte auf deutsche Gründlichkeit und Ordnung. Jeder Kontakt zog und zerrte an meinem Charakter, verbog und verformte ihn, ohne dass ich etwas dagegen hätte tun können. Oft fühlte ich mich wie ein Kind, dem plötzlich neue Eltern vor die Nase gesetzt werden und das mit Auflehnung reagiert. Den Rest der Zeit fühlte ich mich wie ein Rowdy im Jugendknast.

Eigentlich hatte ich nie viel über Deutschland nachgedacht, bis zu dieser Party in New York, kurz nach dem 11. September. Schauplatz: ein Loft in Chinatown, erhellt von teuren Kerzen. Die Gäste ein Potpourri aus Künstlern und Bankern. Alles viel exklusiver als mein Alltag. Dann stellte mir die Gastgeberin, die halb Deutsche war, eine Freundin vor.

»Das ist Julie«, sagte sie. »Ihr Nachname beginnt mit ›von‹. Das heißt, dass sie *von Adel* ist.« Julie schien peinlich berührt. Wir unterhielten uns kurz. Julie passte überhaupt nicht zu meinen stereotypen Vorstellungen von einer Deutschen; sie hatte große braune Augen und dunkles Haar und sprach akzentfreies Englisch.

An das, was dann kam, erinnere ich mich nur verschwommen. Ich betrank mich ziemlich und stellte ihr den ganzen Abend über nach. Irgendwann verabschiedete sie sich überstürzt. Als ich nach Hause kam, rief ich einen Freund an, um ihm alles zu erzählen.

»Wie heißt sie?«, fragte er. *»Fräulein von Deutschland?«* So wurde aus Julie FvD.

Nach und nach begann sich zwischen uns tatsächlich etwas zu entwickeln, doch da FvD für einen Fernsehsender arbeitete, der sie jederzeit zurück nach Berlin rufen konnte, nahm ich die Sache nicht allzu ernst: Ich glaubte, in New York eine ganz große Nummer zu sein; wie ein Dandy schwebte ich durch meine Zwanziger und frühen Dreißiger und hielt mich mit einem kleinen Job im Verlagswesen und einem Haufen Insiderwissen über Wasser. Ich arbeitete für eine Literaturagentin namens Sheila, die siebenundsiebzig Jahre alt war und jeden pensionierten oder toten Verleger oder Filmproduzenten auf der Welt kannte, doch leider nur sehr wenige, die noch am Leben waren und mit den Büchern, die sie vertrat, auch etwas hätten anstellen können. An einem typischen Tag kam sie gegen elf in ihr schmuddeliges, staubiges Büro, machte eine Flasche Weißwein auf und fing an, auf Tonband zu diktieren. Dann transkribierte ich die gesprochenen Texte mit einem Gerät, das mit den Füßen bedient wurde: Mit dem rechten Fuß ließ ich das

Band laufen, mit dem linken spulte ich zurück. So weit war alles ganz in Ordnung, nur dass der Großteil ihrer Diktate E-Mails an den Hund ihres Nachbarn waren.

Abends kehrte ich in mein winziges Zimmer zurück, das ich in der düsteren Wohnung eines Freundes zur Untermiete bewohnte, weil ich mir von meinem lächerlich geringen Einkommen keine eigene Wohnung leisten konnte. Durchs Fenster blickte ich auf eine dunkle Gasse, in der von fünf Uhr morgens bis zum Einbruch der Nacht Tauben gurrten und kopulierten. Mein Anteil an der Miete betrug 850 Dollar im Monat. Das galt als ungeheures Schnäppchen.

FvD missfiel mein Heim mit den notdürftig unter Stühlen versteckten kaputten Fernsehern, den verrottenden Dielen, die Staub auszuatmen schienen, und der Maus, die offenbar im Herd lebte. Ich aber fand, allem Anschein zum Trotz, dass es für mich ganz gut lief: Ich kannte die besten Nachtclubs, Buchhandlungen und Drogendealer in Manhattan, zumindest dem Namen nach; ich kannte die besten kostenlosen Parkplätze in den Hamptons. In New York wog dieses Wissen alle Äußerlichkeiten auf.

Im Sommer 2003 musste FvD ihr Versprechen halten und ging zurück nach Berlin. Ich hatte den Gedanken daran verdrängt, und mit einem Mal war ich höchst verunsichert in meiner selbstzufriedenen New Yorker Existenz. Kaum war FvD fort, begannen mir die Dinge schlagartig zu entgleiten. Der Untermietvertrag für mein billiges Zimmer lief aus, Obdachlosigkeit drohte. Sheila hatte die Angewohnheit entwickelt, an heißen Tagen im Büro ihre Bluse auszuziehen, womit sie die Praktikanten vergraulte und mich zwang, unentwegt an die Wand zu starren, weswegen ich beim Umherlaufen andauernd gegen die Möbel knallte. New

York schien mich mit aller Macht vertreiben zu wollen. Dann, im August, kam der große Stromausfall, der die gesamte Ostküste lahmlegte. Das Haus, in dem ich wohnte, war das letzte in der ganzen Stadt, das wieder Strom bekam – eine geschlagene Woche saß ich im Dunkeln, Abend für Abend in der finsteren Bude. Es war heiß und stickig, und ich konnte keine Kerzen mehr sehen. Ich lebte das Leben eines Höhlenmenschen.

Jene Woche war meine »lange dunkle Nacht der Seele«. Ich ging in mich, ich dachte nach. Und egal wie ich es drehte und wendete, ich kam nur zu einem Schluss: FvD war in Berlin. New York mochte glamourös sein, aber für mich gab es hier weder Geld noch Liebe. Dafür musste ich nach Deutschland gehen.

Ich hatte keine konkreten Vorstellungen von Deutschland, obwohl sich mein Vater sehr für das Land interessierte. Im Bücherregal meiner Eltern war jedes zehnte Buch ein Thriller mit einem Hakenkreuz auf dem Cover. Unter einem gemütlichen Abend verstand mein Vater, sich mit *Hitlers Henker* oder *Hitlers letzte Tage* in den Sessel zu kuscheln. Leider hatte von seinem Interesse nichts auf mich abgefärbt.

Aber Deutschland gehörte zu Europa. Das reichte mir. New Yorker finden Europa toll: Das Wort beschwört Vorstellungen von gutem Brot, ausgedehnten Mittagessen und Opernbesuchen herauf. Daher kam mir mein aus Verzweiflung geborener Umzug wie eine Ferienreise vor. Ich war fest überzeugt, dass mir Deutschland das glatte Gegenteil meiner beengten, armseligen New Yorker Existenz bieten würde.

In meinen zunehmend fantastischen Vorstellungen klammerte ich mich besonders an ein Detail: das »von« in

FvDs Namen. In New York gab es Hunderte von deutschen, italienischen und französischen Aristokraten, die mit ihren Schlössern und Ländereien in der »alten Heimat« prahlten. Zwar hatte FvD derlei nie erwähnt, doch wahrscheinlich war sie einfach zu wohlerzogen. Bei unseren Telefongesprächen in jenem langen Sommer rührte mich ihre Bescheidenheit, wenn sie vorgab, in einer schlichten Zweizimmerwohnung zu leben. Vor meinem geistigen Auge sah ich einen Palast, groß wie ein Häuserblock, ich sah Chauffeure, Kronleuchter, Zweit-, Dritt- und Viertwohnungen auf der ganzen Welt … Vielleicht hätte es mich stutzig machen sollen, dass FvD pausenlos zu arbeiten schien und trotzdem nie einen Cent zu viel hatte. Und auch die stundenlangen Beziehungsdiskussionen, die wir führten, schienen mir eigentlich nicht sehr aristokratisch. Ich war der Meinung, wir sollten Contenance wahren und im Stillen leiden wie in einem Film von Visconti oder in den Büchern von Evelyn Waugh.

Bei all meinen Überlegungen entging mir völlig, dass ich im Begriff war, in die Hauptstadt der Hipness zu ziehen, nach Berlin, dieser kreativen Kunst- und Literaturfabrik. Während ich mir ein Leben zurechtfantasierte, das im Wesentlichen darin bestand, antike Kupferstiche, kostbare Antiquitäten und edle Perserteppiche zu begutachten, ging an mir vorbei, was jeder in New York über Berlin sagte: dass es so etwas wie die Neuerfindung eines verlorenen New York sei, die neue pulsierende Hauptstadt der Bohème. Natürlich hätte mir auffallen können, dass alle Künstler, die ich kannte, nach Berlin zogen. Selbst die *New York Times* berichtete dauernd von Berliner Happenings.

Aber in meinen Augen war New York viel zu erhaben, als dass ein Ort wie Berlin in der gleichen Liga hätte spielen können. Meine Aufgabe in Deutschland, bildete ich mir ein, war, Schwung in die Bude zu bringen, ein bisschen New Yorker Lässigkeit in ein verkrampftes Land hinüberzutragen. An diese Vorstellung klammerte ich mich verzweifelt, als ich Anfang September über den Atlantik flog und davon träumte, dass ein alter Mercedes mit einem livrierten Chauffeur hinter dem Steuer und FvD auf dem Rücksitz mich erwarten würde.

FvD holte mich am Flughafen Tegel in einem verbeulten alten Golf ab, der mit Vogelkacke übersät war. Die erste Straßenszene, die mir auffiel, war eine Horde Punks mit Unmengen von Piercings, die an der Ecke Eberswalder Straße und Schönhauser Allee an einer roten Ampel standen und geduldig warteten, bis es grün wurde. Auch das war neu für mich: In New York gab es längst keine Horden von Punks mehr, und niemand, wirklich niemand – und am allerwenigsten einer von den paar übrig gebliebenen Punks – blieb an einer roten Ampel stehen.

Wir fuhren zu FvDs Wohnung. Sie war zwar größer als meine letzte Bleibe, aber nur mit ein paar IKEA-Möbeln ausstaffiert. Wo war mein Palast? Doch ich machte gute Miene zum bösen Spiel. Vielleicht wollte sie mich auf die Probe stellen. Später stolperte ich, noch vom Jetlag vernebelt, über eine Spontanparty auf einem Kinderspielplatz; auf der Straße sah ich junge Leute in sorgfältig verlotterten Jeans, die Französisch, Spanisch, Englisch sprachen, nur kein Deutsch. Wo waren all die Aristokraten? Und wo der alte Mercedes?

Nach ein paar Wochen wollte ich endlich den Rest von Berlin sehen, die vornehme Gegend.

»Können wir die Ländereien besuchen?«, fragte ich FvD.

»Die was?«

»Na ja, euren, äh, Landsitz?«

»Da bist du an der falschen Adresse«, gab sie zurück. »Und im falschen Jahrhundert.«

Wir wohnten nicht weit von der Bernauer Straße, wo früher die Mauer verlaufen war. FvD erklärte mir, dass bis 1989 nur die wertvollsten Stasi-Informanten so nah an der Mauer wohnen durften. Wenigstens konnte ich so den tristen Bürgersteigen ein bisschen historischen Nervenkitzel abgewinnen, indem ich mir vorstellte, dass alle alten Leute, die ich sah, ehemalige Spione waren. Doch das war ein schwacher Trost, denn die Wochen gingen ins Land, und ich fand keine Arbeit. Die meiste Zeit verbrachte ich damit, ziellos durch die Stadt zu laufen. Die alten Stasi-Gewächse machten keinen besonders gefährlichen Eindruck: Hauptsächlich saßen sie am Fenster und kommentierten die Einparkkünste ihrer Mitmenschen.

Als die Tage kürzer wurden, packte den smarten New Yorker immer mehr die Verzweiflung. Für mich war Deutschland schuld an meiner Arbeitslosigkeit – es war blind für meine Qualitäten. Aber Deutschland weigerte sich nicht nur, mir einen bescheidenen Broterwerb zuzugestehen. Nichts ergab hier Sinn. Läden, Supermärkte schlossen um die Uhrzeit, zu der die meisten Menschen von der Arbeit kamen. Ich sah, wie ein Mann mit dem Handy die Polizei rief, nachdem eine Frau ihm den Mittelfinger gezeigt hatte. Yuppie-Eltern mit Kindern auf den Schultern brüllten mich an, wenn ich bei Rot über die Ampel ging – was, wie gesagt, in New York zu den Grundrechten jedes Bürgers gehörte.

Meine Verzweiflung erreichte ihren Höhepunkt, als mich im November ein alter Mann vom Fahrrad kickte. Ich radelte langsam den Bürgersteig vor dem KaDeWe entlang und suchte nach einem Abstellplatz für mein Rad. Der Mann versetzte mir einen ordentlichen Tritt, und ich stürzte aufs Pflaster. Ich fühlte mich in diesem Moment außerordentlich unerwünscht, und meine Machtlosigkeit machte die Frustration noch schlimmer. Ich hatte keine Lust, einen Achtzigjährigen zum Faustkampf herauszufordern – der auch noch gute Chancen gehabt hätte, als Gewinner aus der Begegnung hervorzugehen. Während ich auf dem Bürgersteig saß, hatte ich wieder eine dieser cartoonhaften Vorstellungen: Auf meiner rechten Schulter saß ein Teufel, der mir ins Ohr raunte, ich sollte die Demütigung nicht ungesühnt lassen. Auf der linken ein Engel, der mit sanfter Stimme flüsterte, ich sollte … endlich aufwachen und der Wahrheit ins Auge sehen.

Offensichtlich lief etwas schief, und das Resultat war, dass ich mit dem Hintern auf dem Pflaster saß. Wenn ich nicht wollte, dass es mit meinem Leben in Berlin so weiterging, musste ich mich mit meinem neuen Land abfinden. Denn um ehrlich zu sein, waren eigentlich alle Passanten ziemlich davon genervt gewesen, dass ich mit dem Rad über den dicht bevölkerten Bürgersteig gefahren war. Auf solche Signale würde ich wohl in Zukunft besser achtgeben müssen. Sonst würde ich weiter mit meinem Selbstbild des coolen New Yorkers überall anecken und regelmäßig von wütenden Greisen vom Rad gestoßen werden. Um in Deutschland Fuß zu fassen, musste ich Deutsche Ordnung in mein Leben lassen.

Im Jahr 2005 folgte ich einer Hochzeitseinladung und kehrte, nach zwei Jahren hier, für einen Monat nach Amerika zurück. Ich wurde wie ein Irrer behandelt.

Am John-F.-Kennedy-Flughafen regte ich mich über die desolaten Zustände am Delta-Terminal auf, die in meinen Augen einem Schweinekoben alle Ehre gemacht hätten – Neonröhren, die summten, aber nicht leuchteten, lange ungeordnete Schlangen, verdrossene und ausgelaugte Zollbeamte. Früher war das für mich normal gewesen. Im Straßenverkehr fuhr ich zu dicht auf, und wenn der Wagen vor mir nicht blinkte, bevor er abbog, oder gar rechts überholte, war ich sofort mit der Lichthupe bei der Hand und hätte ihn am liebsten von der Straße abgedrängt. Und auf der Hochzeit, bei der ich meine ältesten Freunde wiedertraf, verlangte ich, dass wir alle unsere Beziehungen diskutierten – nicht weil es irgendwelche Probleme gegeben hätte, sondern weil wir verdammt noch mal *ehrlich* miteinander umgehen mussten – der Wahrheit ins Auge sehen und ein Leben in Offenheit und Transparenz führen.

War ich ein besserer Mensch geworden? Darüber ließ sich streiten. Ein anderer Mensch? Das auf jeden Fall. Ich hatte begriffen, dass in Berlin andere Gesetze den Alltag regelten als in New York. Diese Gesetze hatte ich entdeckt wie ein Kind, das gegen eine Glastür rennt – und zu spät merkt, dass es auch unsichtbare Hindernisse gibt, die einen zu Fall bringen können. Doch nach Monaten der kleinen und großen Missverständnisse war etwas Seltsames und Wunderbares geschehen. Ich hörte auf, mich zu wehren. Ich fand einen Job. Ich bekam ein Kind. Ich hatte sogar eine Ehefrau. Ich war … *ein vollwertiges Mitglied der Gesellschaft geworden.*

Allerdings hatte die Deutsche Ordnung seltsame Nebenwirkungen. Das Leben hier weckte verdrängte Impulse – Facetten meiner Persönlichkeit, von denen ich nicht einmal geahnt hatte, dass sie existierten. Meine DNA, meine sterbliche Hülle, blieb dieselbe; doch der Alltag hier begann die Abläufe in meinem Gehirn so zu beeinflussen, dass ich heute die Person, die ich früher gewesen bin, kaum wiedererkenne. Früher hatte ich mein Geld schon am Anfang des Monats in schicken Restaurants verprasst; jetzt rechne ich schon beim Aufwachen nach, wie viel Geld ich am Vortag wieder bei Aldi gespart habe. Früher dachte ich, Gespräche dienten der Erbauung; heute schleudere ich FvD ohne mit der Wimper zu zucken Beleidigungen entgegen, und falls sie sich beschwert, erwidere ich, wie wichtig Ehrlichkeit im Umgang miteinander sei. Und wie jeder gute deutsche Spießer überlege ich mindestens einmal am Tag, ob das Benzin, das ich mit einem Diesel sparen würde, den Steuernachteil aufwiegt.

Ich kann nichts dagegen tun: Ich bin einer von euch geworden.

»POUR SOME SUGAR ON ME«

Für Amerikaner ist Deutschland eine Mischung aus dem modernen Skandinavien und Vorkriegsfrankreich: weit vorne, was sexuelle Befreiung angeht, und ziemlich weit hinten, was Hygiene betrifft. Wahrscheinlich sind die Beatles daran schuld. Als Zehnjähriger in einer Kleinstadt in Ohio las ich ein Interview mit Paul McCartney über die Zeit, als die Beatles in Hamburg waren. Er sagte, sie hätten Liverpool als keusche Jungfrauen verlassen, doch zwei Jahre im hanseatischen Sündenpfuhl hätten sie in hemmungslose Popgiganten verwandelt. Ich fand, das klang nach einem guten Deal.

Als Teenager fühlte ich mich wie ein unfreiwillig keuscher Liverpooler und träumte von Hamburg. Dann, als ich siebzehn war, kam eine Deutsche namens Christina als Austauschschülerin an unsere Schule. Sie war blond, hatte braune Augen – und kam aus Hamburg, dem Sündenpfuhl. Sie war so weltgewandt wie ich provinziell. In ihren Augen glitzerte geheimes Wissen. Sie war eher kompakt gebaut und sehr hübsch – auf eine Art, die meilenweit entfernt war von den kaugummikauenden Cheerleadern, die ich aus Ohio kannte. Doch sie hob sich auch in einer anderen Beziehung von der Masse ab: Sie roch wie ein Viehlaster.

Arme Christina! Andere Austauschschüler verbrachten das Jahr in einem Nobelvorort in Connecticut oder in Los Angeles, wo sie den schicken, fernsehtauglichen amerikanischen Traum erlebten, während Christina in Granville, Ohio gestrandet war. Granville war ein kleines Kaff im Nirgendwo;

Christinas Gastfamilie waren fundamentalistische Christen, die sie zwangen, sonntags zur Kirche zu gehen, und ihr verboten, sich abends mit Freunden zu treffen. Außerdem war Christina dem fanatischen Hygienefimmel der Granville-Highschool ausgesetzt. Die Highschool war ein gnadenloser Ort für Menschen mit leicht fettendem Haar, die nach irgendetwas anderem als Seife rochen. Ihr Körpergeruch und ihr öliger Glanz machten Christina umgehend zur Aussätzigen. Dabei war sie wirklich hübsch. Ich saß in ein paar Fächern neben ihr, und manchmal ertappte ich mich dabei, wie ich versonnen ihr Profil studierte. Doch ich näselte immer, wenn ich mit ihr sprach, weil ich die ganze Zeit die Luft anhalten musste.

Warum sagte ich nichts zu ihr? Ein kleiner Hinweis hätte genügt, um an ihrem Schicksalsrad zu drehen. Doch mir fehlte die moralische Stärke.

Am Ende des Schuljahrs kam der Abschlussball. »Senior Prom«, das groteske Initiationsritual amerikanischer Teenager. Für einige wenige ist Prom die magische Nacht, in der alle romantischen Träume wahr werden. Doch für die meisten ist es eine Nacht voller Enttäuschungen und billigem Bier, das am Ende auf geliehene Smokings und Taftkleider gekotzt wird. Ich traf eine schlechte Entscheidung: Ich fragte ein Mädchen aus dem Cheerleader-Team, ob sie mit mir zum Ball ginge. Sie gab mir einen Korb. Also ging ich allein, während ein Junge mit dicker Brille und Fistelstimme, Klassenbester in Chemie, Christina ausführte.

Auf dem Prom-Ball, unter Papiergirlanden und einer Discokugel, die sich zur Musik von Def Leppard drehte, nahm ich irgendwann meinen Mut zusammen und bat Christina um einen Tanz. Natürlich trug sie ein ärmelloses Kleid, wie alle anderen Mädchen auch, und als ein langsames Lied begann – »Pour some Sugar on me« –, hob sie die Arme und legte sie um meine Schultern. Die gesamten acht Minuten versuchte ich ihr in die Augen zu sehen, während ich verzweifelt um Atem rang.

Das war der Anfang und das Ende unserer Romanze. Ich war ihr nicht gewachsen. Ich war nicht Sportskanone genug für einen Cheerleader, aber ich war auch noch nicht Manns genug, Ohio für Deutschland den Rücken zu kehren. Der Duft jenes Abends prägte sich mir für immer ein – das scharfe Aroma von Achselschweiß, vermischt mit hormonellem Ungleichgewicht und dem Schmutz mehrerer Tage.

Für mich endete die Nacht unter Fremden auf einer Party in einem Hotelzimmer, wo ich über dem Waschbecken hing und versuchte, mir die Kotze vom geliehenen Smoking zu waschen. Hamburg und alles, was es verhieß, waren Lichtjahre entfernt.

Als ich vierzehn Jahre später in New York Fräulein von Deutschland begegnete, war alles anders. Im Gegensatz zu Christina gab es an FvDs Geruch nichts auszusetzen. Statt mit mir zu tanzen, lief sie nach unserer ersten Begegnung davon. Nachdem ich sie überzeugt hatte, mich noch einmal zu treffen, begann eine schwierige Kennenlernphase. Ich kannte bisher nur amerikanisches *Dating* – eine Reihe von lockeren Rendezvous zu zweit in Bars oder Restaurants, mit der Aussicht, oder wenigstens der Möglichkeit, den Abend mit Sex zu beschließen. Mein Dilemma war, dass ich kein Geld hatte und FvD deswegen nicht zum Essen ausführen konnte. Für unsere ersten Verabredungen in diversen Bars hatte ich mein Bankkonto vollständig geplündert. Danach fand mein Werben um sie auf Partys statt oder in Bars, wo ich Dritte überreden konnte, für unsere Drinks zu zahlen.

Das New Yorker System der Beziehungsanbahnung muss für FvD ähnlich verwirrend gewesen sein. Worüber man sprach: Klatsch, Filme, Politik, lustige Episoden aus der Teenagerzeit. Worüber man nicht sprach: Arbeit, Eltern, hässliche Episoden aus der Teenagerzeit. Ich dachte, Beziehungen seien dazu da, einander zu unterhalten, dem Leben die scharfen Kanten zu nehmen, Sex und Kameradschaft zu genießen. Das war alles. Keine Bekenntnisse, keine traurigen Geschichten, keine Konfrontationen. Doch nach ein paar Monaten schien FvD ungeduldig zu werden. Sie wollte *reden*. Ich dagegen wechselte immer den Kurs, sobald ich spürte, dass ein gewichtiges Thema am Horizont auftauchte.

Im Juni entschloss ich mich zu einem großen Schritt: Ich bereitete ihr ein Abendessen. Es war ein brütend warmer, schwüler Tag in Manhattan, und wir waren beide nassgeschwitzt, als sie in meiner dunklen, überfüllten Wohnung ankam. Trotzdem arbeitete ich weiter mit Hochdruck an meinem Lieblingsgericht, mit dem ich sie überraschen wollte: einem großen Berg Reis mit geschmolzenem Käse. Es war das, was ich jeden Tag aß, nur dass ich für FvD den teuren Käse gekauft hatte. Ich war stolz auf meine Kochkünste und erwartete von ihr eine begeisterte Reaktion auf meine kreative, kostenbewusste Erfindung. Das war meine Vorstellung vom Leben der Boheme, *New-York-style.*

Wir saßen bei Kerzenlicht auf wackeligen Stühlen am wackeligen Tisch in meiner staubigen Küche und lauschten den Mäusen, die sich im Dunkeln mit Reiskörnern davonmachten. Nach zwei zögerlichen Bissen schob FvD ihren Teller weg.

»Was ist denn?«, fragte ich. »Schmeckt es dir nicht?«

»Na ja, es ist ... einfach nur Reis«, sagte sie.

»Wie meinst du das, *einfach nur Reis?*«, fragte ich.

»Ich meine«, sagte sie und sah mich durchdringend an, »es ist widerlich. Ich esse das Zeug nicht.«

Für Deutsche muss dieser Dialog vollkommen harmlos wirken. Doch er löste einen Streit aus, der bis heute tobt. Zum ersten Mal in meinem Leben war ich mit dem Prinzip konfrontiert, dass im Krieg wie in der Liebe nur die Wahrheit zählt, und sei der Anlass noch so gering.

Wie viele törichte Männer mit wenig Lebenserfahrung hatte ich meine Vorstellungen von der Liebe und von Beziehungen aus Büchern: Es waren die traumhaft verrückten Frauen aus F. Scott Fitzgeralds und Hemingways Romanen, die ich mir als meine Zukünftigen vorstellte. Unterdessen war New York von frühreifen Zynikerinnen bevölkert. Liebe durfte auf keinen Fall ernst genommen werden. Im New York der 1990er-Jahre war ein ganzer Verhaltenskodex um das Vermeiden jeglicher Konfrontation gewachsen, der eher ins viktorianische England oder in Prousts Paris gepasst hätte. Niemals sagte man bewusst etwas, das beim anderen Missfallen erregen könnte; die Dekodierung des Gesagten, einschließlich der Beleidigungen, fand im Nachhinein statt.

Ich hatte diesen Lebensstil schon länger satt. Ich sehnte mich nach ein bisschen Wahrheit. Doch nicht im Traum hätte ich damit gerechnet, dass sie mich wie eine Ohrfeige treffen würde – dass mir jemand ins Gesicht sagte, ich könnte nicht kochen. Für einen Amerikaner stellt so etwas eine echte Respektlosigkeit dar. Es schmeckt dir nicht? Sag, du hast Bauchschmerzen oder eine Allergie. Sag *niemals*, es schmecke nicht oder es sei »widerlich«. Respekt zu heucheln ist eine der Säulen der angelsächsischen Kultur. Wir kennen viele Namen dafür: Höflichkeit, Manieren, Contenance. Von Kindesbeinen an lernen wir, dass es unsere Pflicht ist, nett zu sein – denn du weißt nie, was der andere für Sorgen hat. Vielleicht steht er kurz vorm Selbstmord; vielleicht hat er gerade erfahren, dass er Krebs hat. Warum jemanden in den Abgrund stoßen, wenn eine nette kleine Lüge keinem schadet?

Später, als sie nach Hause gegangen war und ich ein paar Schlaftabletten mit einem Glas Wodka Tonic runterspülte, um das Geschehene zu vergessen, klingelte das Telefon.

»Ich habe über den Abend nachgedacht«, sagte Julie.

Mir fiel ein Stein vom Herzen. Offensichtlich hatte sie alles eingesehen und wollte sich entschuldigen.

»Das freut mich sehr«, sagte ich. »Jeder ist mal schlecht drauf, das verstehe ich …«

»Ich rufe nicht an, um mich zu *entschuldigen*. Ich rufe an, weil ich glaube, dass ich mich vorhin nicht klar ausgedrückt habe.«

»Wie bitte?«

»Ich finde, es ist Quatsch, immer um den heißen Brei herumzureden. Du hast mir die Hölle heiß gemacht, weil ich ehrlich war. Aber wenn du mit Ehrlichkeit ein Problem hast, sollten wir vielleicht lieber nicht zusammen sein.«

»Na ja, aber müssen wir wirklich *bei allem* ehrlich sein?«, fragte ich. Die Pillen und der Wodka begannen zu wirken.

»Bevor du mich als Wahrheitsnazi abstempelst, will ich mal eins klarstellen. Du verlangst, dass ich lüge.«

»Na ja, vielleicht nur, wenn es nicht so drauf ankommt«, murmelte ich und spürte, wie mein Selbstvertrauen schwand, während meine Zunge schwerer wurde. »Wenn ich Reis mit Käse mache, könntest du Gnade vor Recht ergehen lassen.«

»Du hast mich gezwungen, das Zeug zu essen!«

»Und wenn ich gerade gefeuert worden wäre? Und wenn sie bei mir einen Tumor gefunden hätten? Würdest du mir dann immer noch auf Teufel komm raus die Wahrheit sagen?«

»Ich lege jetzt auf.«

Am nächsten Tag rief FvD im Büro an.

»Nur aus Prinzip«, sagte ich, »kannst du nicht mal wegen einer Kleinigkeit wie Reis mit Käse lügen?«

»Wenn es so eine Kleinigkeit ist«, sagte sie, »warum muss ich dann lügen?«

»Musst du immer das letzte Wort haben?«, fragte ich. Ich probierte eine neue Taktik aus. »Muss ich mich aus tiefstem Herzen entschuldigen und zugeben, dass ich alles falsch gemacht habe?«

»Das wäre nicht schlecht.«

Am Abend wurde aus der Diskussion ein handfester Streit. Warum hatte ich am Telefon in diesem Ton mit ihr geredet? Warum dachte ich, wir könnten alles unter den Teppich kehren? Warum hatte ich am Abend zuvor geglaubt, sie würde sich entschuldigen? Glaubte ich, immer im Recht zu sein? Bei meinem Mangel an Beziehungserfahrung?

Wir diskutierten bis in die Nacht hinein, dann gingen wir zu ihr (ich kochte nicht), versuchten zu schlafen, aber stritten letztendlich weiter. Am Morgen passierte etwas Seltsames. Statt ihr zu sagen, dass ich Abstand brauchte, fragte ich, ob wir uns am gleichen Abend wiedersehen könnten. Ich war mit der Auseinandersetzung noch nicht fertig. Das Tier in mir, das ich ein Leben lang ignoriert hatte, war aufgewacht. Ich wollte Klarheit in unserer Beziehung.

Aber ich wollte noch etwas, das mir bisher egal gewesen war. Wir befanden uns in einer Schlacht um die Seele unserer Beziehung. Mein Leben lang hatte ich nach dem Prinzip »leben und leben lassen« gehandelt. Doch jetzt wollte ich *gewinnen*.

Als ich nach Berlin zog, hatten wir uns auf einen vorübergehenden Waffenstillstand geeinigt. Im Sommer hatten die Deutsche Telekom und AT&T ordentlich von unserem Kräftemessen profitiert, von den langen Diskussionen über jede Facette von allem, was wir je erlebt hatten. Nun war ich bereit für das Land, dessen Gesandte Christina gewesen war, das Land von Sex und Ehrlichkeit und freiem Denken.

Die kurze Fahrt vom Flughafen in die Stadt war vielversprechend. Ich sah nicht nur Schrebergärten und Kanäle, sondern auch eine erstaunliche Menge nicht jugendfreier Videoläden, fast an jeder Ecke, wie es schien. Die Deutschen waren offenbar sexbesessen. Später sah ich die Prostituierten auf der Oranienburger Straße, wie sie in ihren unglaublichen retro-futuristischen Kostümen direkt vor den beliebtesten Touristenlokalen auf und ab spazierten. FvD erzählte mir von der Hamburger Herbertstraße, die für Frauen gesperrt ist. Ich war ja ein emanzipierter Mensch, aber das klang doch recht aufregend. Ich war am richtigen Ort gelandet.

Als ich zum ersten Mal Ulrike und Stefan treffen sollte, FvDs beste Freunde, stellte ich mir hochgewachsene Adlige in Trachten vor, die aus langen Champagnerflöten Perlwein tranken. Doch als sie die Tür aufmachten, sahen sie aus wie ganz gewöhnliche Leute. Normal groß. In Sweatshirts und Jeans. Und den Wein, den sie mir anboten, reichten sie mir in einem Kinderbecher von IKEA.

Den ersten gemeinsamen Abend verbrachten wir mit einer fünfstündigen Diskussion darüber, ob sie ihren Kater in den Ferien allein lassen sollten oder nicht.

»Du weißt ja, wie er ist«, sagte Ulrike beim fünften Glas. »Wenn er ängstlich oder einsam ist, kotzt er alles voll.«

»Und wenn er glücklich ist«, sagte Stefan.

»Ja. Genau.«

»Kann ich nach Hause gehen?«, flüsterte ich FvD ins Ohr.

»Nein!«, sagte sie. »Das machen wir hier so. Wir *diskutieren.*«

Beim achten Glas drehte sich die »Diskussion« um Vor- und Nachteile der Pornographie. Ulrike und FvD waren der Meinung, dass eindeutig die Nachteile überwogen. Ulrike wurde konkret: »Zufällig weiß ich, dass Pornographie süchtig macht. Als wir zusammenkamen, war er total abhängig«, sie zeigte auf Stefan. »Und mein Freund davor auch.«

Stefan, soeben als rehabilitierter Pornojunky geoutet, starrte mürrisch die Wand an. Verlegen versuchte ich das

Thema zu wechseln und erzählte von einem Freund in New York, der seine Freundin auf einer Junggesellenparty kennengelernt hatte, wo sie als Stripperin aufgetreten war.

»Wie läuft's denn eigentlich bei euch?«, unterbrach mich Stefan, als er den Blick endlich von der Wand losriss. »Hat sich was verändert, jetzt wo ihr nicht mehr in New York seid?«

»Danke, nett, dass du fragst«, sagte ich und hoffte, das Thema wäre damit erledigt.

»Nein, im Ernst. Leidet eure Beziehung darunter? Wo liegen denn die Schwierigkeiten?«, fragte Ulrike.

»Also, ich bin gerade erst angekommen – wir konzentrieren uns im Moment nicht gerade auf die Probleme ...«

»Wie oft schlaft ihr denn miteinander?«

»Ach, oft genug«, sagte ich und wurde rot.

»Ich meine, wie viel Mal im Monat?«, beharrte Ulrike.

»Ich weiß nicht«, sagte ich, und dann nannte ich stotternd eine Zahl, die mir peinlich niedrig erschien.

»Wir haben nämlich seit acht Wochen nicht miteinander geschlafen«, sagte sie.

»Neun«, sagte Stefan und starrte mich an. »Ihr werdet schon sehen, wie es ist, wenn ihr mal so lange zusammen seid.«

Auf dem Heimweg war ich erschüttert und erschöpft.

»Sind die immer so?«, fragte ich FvD.

»Meistens.«

Mir kamen Zweifel, ob ich in der Lage war, mich in meiner Adoptivheimat einzuleben. Dass FvD alles mit mir diskutieren musste, nahm ich in Kauf – schließlich war sie meine Freundin. Aber Ulrike und Stefan kannte ich kaum, und trotzdem hatte ich das Gefühl, schon alles über ihr Sexualverhalten zu wissen. Von ihren Hämorrhoiden wollte ich verschont bleiben.

Doch als ich am nächsten Morgen aufwachte, fühlte ich mich wie ein neuer Mensch. Ich musste mich einfach umorientieren, mich an die Gegebenheiten anpassen. Ich hatte mich schon früher in meinem Leben gehäutet – als ich zur Uni ging, als ich nach New York zog. Jetzt war die Zeit wieder reif. Ulrike und Stefan zeigten mir den Weg: Statt Smalltalk gab es Gesprächssitzungen, ganz ohne Geheimnisse. Gruppentherapie. Und wenn ich das Beste daraus machen wollte, musste ich mich am Gespräch beteiligen. Ich beschloss, von jetzt an »der Therapeut« zu sein.

Was waren meine Aufgaben als Therapeut? Das Gespräch in Gang zu halten, den offenen Gedankenaustausch von Leuten zu fördern, die einander wichtig waren. Überall in Berlin sah ich die neuen Regierungsgebäude mit ihren riesigen Glasflächen. Transparenz und Offenheit waren ein großes Thema. Ich beschloss, in meiner Eigenschaft als Therapeut Offenheit auch zu meinem Thema zu machen.

Eine Woche später kam mein Freund Edward zu Besuch, der inzwischen im internationalen Finanzwesen arbeitete. Er war auf dem Weg nach Kasachstan wegen irgendwelcher Geschäfte, auf die er keine besondere Lust hatte. FvD und ich wollten mit ihm ausgehen, um ihn auf andere Gedanken zu bringen. Eine alte Freundin von Edward war auch dabei, eine deutsche Medizinstudentin, die in Hamburg lebte. Das war die Chance, meine neue Rolle vor gemischtem Publikum auszuprobieren.

»Hier rauchen alle«, bemerkte Edward in der ersten Bar. »Es ist wie 1953 oder so.«

»Gut beobachtet«, sagte ich. »Danke für den Beitrag. Denkst du das auch, Jana?«

»Das fiel mir nur so auf«, sagte Edward. »Wir sind doch nicht in einer Therapiesitzung.«

»Ich finde, wir sollten ganz offen über unsere Gefühle reden«, widersprach ich. »Ihr habt euch lange nicht gesehen. Wie geht es euch dabei?«

Sie sahen mich skeptisch an. Später, nach mehreren Drinks, lehnte sich Edward zu FvD und flüsterte ihr etwas ins Ohr. Sie flüsterte zurück, und seine Miene hellte sich auf.

»Keine Geheimnisse!«, rief ich. »An diesem Tisch herrscht Offenheit und Transparenz!«

»Okay«, sagte Edward. »Du willst, dass ich jedem sage, was ich denke, stimmt's? Im Geist der Offenheit, richtig?«

Dann stand er auf und begann von Tisch zu Tisch zu gehen und andere Gäste anzusprechen, hauptsächlich Frauen. Ich war ziemlich beeindruckt – schließlich sprach er, soweit ich wusste, kein Wort Deutsch. Ich wusste nicht, was er sagte, aber es dauerte nie lange, und meistens lachten die Frauen hinterher, während die Männer ein finsteres Gesicht machten. Währenddessen war Edward schon am nächsten Tisch. Jana und ich ließen inzwischen ihre Kindheit Revue passieren. Als Edward zurückkam, wusste ich alles von ihr.

»Was hast du denn den Leuten erzählt?«, fragte der Therapeut.

Mit sorgfältiger Aussprache erklärte Edward in seinem unschuldigen Deutsch: *»Ich habe einen riesigen Schwanz.«*

FvD war die Einzige, die lachte. Ich war verwirrt, während Jana in ihren Stuhl kroch und Edward anglotzte. Der Therapeut hatte versagt.

»Und … warum sagst du so etwas?«, fragte ich.

»Geist der Offenheit«, erklärte Edward. »Transparenz und so. Außerdem stimmt es.«

Der Therapeut fand, dass es an der Zeit war, die Bar zu wechseln.

Doch es kam noch schlimmer. Edward beschloss, dass er ein richtiges Berliner Abenteuer erleben und woanders nächtigen wollte als bei uns auf dem Sofa. Also gingen wir ins *White Trash*, eine Bar, wo laut FvD sowohl amerikanische Einwanderer als auch Deutsche in großer Zahl zu finden waren. Außerdem spielten zwei Bands; eine schöne Alternative, falls wir keine Lust haben sollten, die ganze Nacht zu diskutieren. Edward rannte immer noch von Frau zu Frau, um sie im Geist der Offenheit über sein riesiges Glied in Kenntnis zu setzen. Und auch hier lachten sie. Nur wenn er sie auf die Tanzfläche zu zerren versuchte, wehrten sie sich mit Händen und Füßen. Ich war erstaunt: In New York war Edward ein meisterhafter Gigolo gewesen, der nie Schwierigkeiten hatte, ein Mädchen herumzukriegen. Doch jetzt musste ich mit ansehen, wie er einen Korb nach dem anderen kassierte.

»Das mit der Offenheit zieht irgendwie nicht«, beschwerte er sich, als wir zum nächsten Club fuhren, diesmal in einem Hochhaus am Alexanderplatz.

»Du musst ihnen Gelegenheit geben, sich zu öffnen«, schlug ich vor. Ich witterte die Chance, die therapeutischen Zügel wieder in die Hand zu nehmen. »Findest du nicht, Jana? Frag nach ihren Beziehungserfahrungen. Frag nach ihrer Kindheit.«

Jana nickte. Sie sah aus, als versuchte sie einem Geistesgestörten ihre Zustimmung zu versichern. FvD, die am Steuer saß, sagte gar nichts.

Im nächsten Club, wo wir unter bunten Lichtorgeln zu Discomusik und 80er-Jahre-Hits tanzten, hätten wir auch in New York oder sonst irgendwo auf der Welt sein können. Auf der Tanzfläche waren viele attraktive Frauen, in Grüppchen von zweien oder dreien oder in männlicher Begleitung. FvD, Jana und ich setzten uns an die Bar, um zuzusehen, wie Edward seine Kunststücke vollführte.

Zuerst schlenderte er auf eine klassische Schönheit in einem engen, gestreiften T-Shirt zu. Er flüsterte ihr etwas ins Ohr, doch sie stieß ihn weg. Er versuchte, nach ihrer Hand zu greifen, und flüsterte noch etwas. Sie drehte ihm den Rücken zu.

Das Gleiche passierte bei drei weiteren. Als er zu uns an die Bar zurückkehrte, war er verschwitzt und sah unglücklicher und verzweifelter aus, als ich ihn je gesehen hatte.

»Die Nummer mit der Kindheit bringt's nicht«, sagte er. »Das ist schließlich ein Nachtclub. Ich versuche es lieber wieder mit meinem anderen Spruch.« Tapfer schob er sich zurück auf die Tanzfläche. Jetzt lachten die Mädchen wieder, wenn er ihnen ins Ohr flüsterte, aber wenn er mit ihnen tanzen wollte, stießen sie ihn weg. Schließlich verschwand er in der Menge.

Eine halbe Stunde später kehrte er in weiblicher Begleitung zu uns zurück. Seine Beharrlichkeit hatte sich bezahlt gemacht: Sie war unglaublich hübsch; groß, dunkelhaarig, mit stolzem Blick.

»Das ist Mia«, stellte Edward vor. »Wir sehen uns später.«

»Warte mal«, rief ich, und dann fragte ich Edward leise: »Also hat das mit der Offenheit letztlich doch funktioniert? Hat der Therapeut recht behalten?«

»Na ja, wie man's nimmt. Ich habe Mia gesagt, dass ich einen Riesenschwengel habe, *und* ich habe nach ihrer Kindheit gefragt. Es war wohl die *Kombination* aus beidem. Aber ja, ich glaube, man kann sagen: Ehrlichkeit macht sexy.«

Auf dem Heimweg war ich hochzufrieden mit mir. Am Ende hatte der Therapeut doch recht behalten. Ehrlichkeit macht sexy! Mein einziger Fehler war gewesen, dass ich nicht *genug* Ehrlichkeit an den Tag gelegt hatte. Um eine deutsche Frau zu beeindrucken, musste man die Karten komplett auf den Tisch legen. Ich dachte zurück an die Highschool und Christina und wünschte, ich hätte damals gewusst, was ich heute wusste.

Die Nagelprobe meiner Fähigkeiten als Therapeut kam einige Monate später, als FvD schwanger wurde. Es gab ein paar wichtige Telefonanrufe zu erledigen. Zum Beispiel den bei meinen Eltern in Ohio.

»Hallo, Mama, du bekommst ein Enkelkind«, sagte ich, als sie den Hörer abnahm. Es entstand eine lange, lange Pause.

Dann sagte sie: »Eigentlich hätte ich lieber zuerst gehört, dass du heiraten willst.«

»Hier in Deutschland laufen die Dinge ein bisschen anders«, gab ich zurück. »Wenn du willst, erkläre ich es dir.«

»Ich muss das erst einmal verdauen. Gib mir ein bisschen Zeit.«

»Nein, Mama. In zwischenmenschlichen Beziehungen ist Transparenz –«

»Wirklich, ich muss erst mal nachdenken. Ich freue mich ja für euch beide ...«

»In Deutschland läuft das anders, verstehst du? Als die Beatles nach Hamburg gingen –«

Die Leitung war tot.

»O je«, sagte ich zu FvD. »Diesmal sah der Therapeut ziemlich alt aus.«

»Sie ist *Amerikanerin*«, sagte FvD. »Außerdem ist sie deine Mutter und nicht deine Freundin. Das ist eine andere Art von Beziehung.«

Schweigend verbuchte ich, dass ich anderer Meinung war. Der Therapeut verstand das Konzept »andere Art von Beziehung« nicht. Für den Therapeuten gab es keine Ausnahmen: Wenn ein Grundsatz funktionieren sollte, musste er immer gelten. Glücklicherweise riefen meine Eltern später noch einmal an, um zu gratulieren. Da FvD mit im Zimmer war, verzichtete ich darauf, die Diskussion aufzuwärmen.

Schließlich war es Zeit für den Besuch bei FvDs Mutter. Ich hatte diesen Augenblick lange gefürchtet. FvDs Mutter war für mich die Verkörperung der deutschen Aristokratie. Ich nannte sie nur »die Gräfin«. Sie hatte uns schon hin und wieder in unserer bescheidenen Hütte besucht, doch ich hatte mich jedes Mal in einer Ecke verkrochen. Als wir nun aufbrachen, um zu ihr nach Schöneberg hinauszufahren, stellte ich mir weite Boulevards vor, riesige vornehme Paläste mit Portiers, überdachte Auffahrten und Limousinen, die auf der Straße warteten. Immerhin waren wir auf dem Weg raus aus Stasi-Land, nach *Westberlin*.

Unterwegs war ich ungewöhnlich still. Ich musste über meine Mission nachdenken. Dies war ein guter Zeitpunkt, um die Gräfin für mich einzunehmen und meinen Platz in der Familie geltend zu machen, damit ich, lieber früher als später, in den Genuss der Ländereien kam. Ich würde höflich und respektvoll sein, aber zugleich würde ich mich zu Offenheit und Transparenz bekennen.

Das Erste, was mir an der Straße, in der die Gräfin wohnte, auffiel, waren die vielen Tankstellen und Autowerkstätten. Limousinen waren nicht zu sehen. Als wir vor der Tür standen, fragte ich FvD nach der roten Lampe am Nachbarhaus.

»Das heißt, es ist ein Bordell.«

»Die Nachbarn der Gräfin sind Prostituierte?«

»Nenn sie nicht immer ›Gräfin‹. In Deutschland ist das Adelsding ziemlich out.«

Kurze Zeit später fuhren wir in einem antiken Fahrstuhl nach oben, und dann öffnete sich die Tür zu einer riesigen Altbauwohnung voller Perserteppiche und Antiquitäten.

Die Gräfin begrüßte mich herzlich. Sie war etwa so groß wie ich und trug einen Herrenanzug, in den jemand deutlich Größeres bequem hineingepasst hätte. Sie roch nach altmodischem Parfum, und ihre Frisur sah aus wie aus den Sechzigern, helmartig auftoupiert und mit viel Haarspray.

Wir setzten uns an einen großen Tisch.

»Lass dich nicht nervös machen«, sagte die Gräfin zu mir, als sie mir ein Glas Aldi-Sekt reichte. »Herzlichen Glückwunsch.«

»Danke«, sagte ich. »Ich versichere Ihnen, dass wir beabsichtigen, bald zu heiraten. Sie brauchen sich also keine Sorgen zu machen.« Warum klang meine Stimme so nervös? Wenigstens hatte der Therapeut seine Gedanken offen ausgesprochen. Jetzt mussten wir nur noch darüber reden, wie es uns dabei ging.

Die Gräfin lehnte sich zurück und sah mich von oben bis unten an. »Warum heiraten? Das ist so bürgerlich.«

»Bei uns in Amerika macht man das eigentlich –«, begann ich, aber FvD unterbrach mich.

»Wir müssen das jetzt nicht besprechen«, sagte sie und funkelte die Gräfin und mich an. »Es ist unsere Entscheidung. Und wir können ja erst nach der Geburt heiraten, wenn es das weniger bürgerlich macht.« Offensichtlich fand hier eine Beziehungsdynamik statt, von der ich keine Ahnung hatte.

Ich beugte mich vor und wollte etwas sagen.

»Wir reden jetzt nicht darüber«, wiederholte FvD streng.

Ich holte tief Luft.

»Oh doch, das tun wir«, sagte ich.

Wie weit war es mit mir gekommen!

SCHWUCHTELJEANS

FvD sah mich misstrauisch an, was öfter vorkam, seit ich in Deutschland war.

»Das willst du anlassen?«, fragte sie.

Ich bügelte gerade ein weißes Hemd, polierte meine braunen Lederschuhe und bürstete die Fusseln von einem alten Blazer. In ein paar Minuten würde FvD mich ihrem Freundeskreis präsentieren – in aller Öffentlichkeit. Ich überlegte, ob ich, um Eindruck zu machen, auch den weißen Schal tragen sollte. In diesem Outfit hatte ich mich die letzten fünf Jahre lang durch New York bewegt, wo selbst die reichen Banker die Dandy-Kultur nicht ganz ausrotten konnten. Jeder Beruf hatte seine Uniform – Zeitschriftenredakteure stylten sich wie altmodische Popper, Werber zogen sich an wie HipHop-Aficionados, Banker trugen stets hellblaue Hemden und Khakihosen. Und dann gab es noch die vom Stamme der Schalträger, die ebenfalls ihre Nische gefunden hatten.

Vielleicht hätte ich mich bei der Kleiderwahl an FvD orientieren sollen, die eine sorgsam sorglose Kombination aus Jeans, T-Shirt und Jeansjacke trug. Sie war angezogen, als hätte sie vor, die Wände zu weißeln. Doch war Berlin nicht die neue Hauptstadt der Paradiesvögel, die Stadt, die New Yorks Exzentrik und Glamour aufgesogen hatte? Ich hegte große Hoffnungen für den Abend – das Funkeln der Großstadt, geistreiche Gespräche – und freute mich darauf, endlich mein Debüt zu geben.

FvD schwieg auf dem ganzen Weg zum Restaurant, einer überfüllten Pizzeria mit typischem Grotta-Azzurra-Dekor an der Kastanienallee in Berlin-Mitte. Draußen vor der Tür warteten ihre Freunde Ulrike und Stefan und ein anderes Paar, das ich noch nicht kannte. Bernd schrieb Drehbücher fürs Fernsehen, und Nadia war eine dieser Grafikdesignerinnen, die neuerdings überall auftauchen. Sie wirkten nett und begrüßten FvD herzlich. Dann sahen sie mich und musterten mich argwöhnisch. Nein, mehr als argwöhnisch. Bernds Blick sagte so viel wie: »Ach du Schreck!« Es verging eine Ewigkeit, bis er mir zögernd die Hand entgegenstreckte. Nadia war ins Restaurant gelaufen, bevor sie überhaupt in die Verlegenheit kam.

Das Essen zog sich hin, und ich klinkte mich immer wieder aus, während die Gespräche zwischen Englisch und Deutsch hin und her wechselten. Als bereits mehrere Liter roter Hauswein geflossen waren, drehte sich Bernd zu mir und sagte: »Gehst du noch zu einem Vorstellungsgespräch?«

»Wie bitte?«

»Weil du dich so feingemacht hast. Oder hast du noch eine Verabredung in München?«

Es wurde verhalten gelacht, dann entstand eine peinliche Stille. Ich wusste nicht genau, wie ich seine Bemerkung zu nehmen hatte. Wenigstens verstand ich, dass er sich über mich lustig gemacht hatte, aber dies war eine Entwicklung, auf die ich als Therapeut nicht vorbereitet war. Gerade hatte ich das Prinzip von Transparenz und Ehrlichkeit übernommen, und jetzt machten Leute plötzlich versteckt feindselige München-Anspielungen.

Während ein Teil meines Gehirns an einer cleveren Antwort arbeitete, taxierte ich Bernd. Er war unrasiert und trug einen schmuddeligen grauen Pullover mit Schulterklappen im Militärstil. Auch er sah aus, als wollte er Wände weißeln – in einem Obdachlosenheim. So wie alle anderen auch: dunkle Pullover, dunkle Jeans, ausgelatschte Turnschuhe im Siebziger-Look. Sie sahen aus, als versuchten sie, ein Schwarzweißfoto von 1978 nachzustellen. Titel: »Depressive Jugend«.

Offensichtlich passte ich nicht ins Bild. Im Lauf des Abends kamen weitere Freunde; und auch sie machten weitere Witze auf meine Kosten. Ich sank immer tiefer in meinen Stuhl. Ich war ein schmollendes Kind, das wegen seiner Kleidung gehänselt wurde. Verzweifelt suchte ich nach Retourkutschen, doch ohne Erfolg. Schließlich, beim Abschied, versuchte ich Bernd, der das böse Spiel begonnen hatte, noch eine Spitze mitzugeben. Doch plötzlich war er ganz freundlich und umarmte mich sogar. Dann tat er so, als würde er mir an der Stelle, wo er mich berührt hatte, den Staub vom Revers klopfen.

Im Laufe des Abends hatte ich also auch hier eine Nische gefunden – ich war die beleidigte Leberwurst. Ein weißes Hemd und ein Blazer hatten meine Karriere als Therapeut beendet, bevor sie überhaupt in Gang gekommen war. Jetzt war ich »der Miesepeter«.

Trotzdem erwachte ich am folgenden Tag voller Tatendrang. Ich hatte eine Mission: Ich würde modische Eleganz und Freude in meine neue Heimat bringen. Zu jener Zeit litt Berlin unter dem, was man sich damals unter einer Krise vorstellte – aus heutiger Sicht nicht mehr als ein kurzes Aufblinken auf dem Radar. Etwas Eleganz, etwas überschüssige Attraktivität würde den Leuten gut tun.

Als Missionar ging es mir viel besser. Mein erster Einsatzort war der Supermarkt um die Ecke. Beim Einkaufen würde ich den samstäglichen Massen zeigen, dass sie sich nicht zwingend anziehen mussten, als hätten sie alle Hoffnung fahren lassen. Ich zog das Gleiche an wie am Vorabend, und diesmal auch den Schal. Als ich die Straße hinunterschlenderte, fühlte ich mich zum ersten Mal wieder wie ich selbst, verfeinert mit je einem Schuss Christopher Isherwood und David Bowie. Der Gedanke daran, dass beide Rollenbilder sexuell mehrdeutige Botschaften hatten, kam mir damals nicht, ich wollte einfach nur herumlaufen, wie ich es in New York getan hatte, ganz nach meiner Façon. Dann begann es zu regnen, und ich griff zu einem weiteren meiner alten New Yorker Tricks: Ich band mir den Schal um wie das Kopftuch eines russischen Mütterchens. Was die sexuell mehrdeutigen Untertöne vielleicht noch verstärkte. Aus dem Extra-Markt kamen mir zwei Kerle mit Unmengen von Bier entgegen.

»Hey, wie sieht der denn aus?«, rief der eine.

»Schwuli, Schwuli, Schwuli!«, der andere.

Dann kreuzten sie mit Absicht meinen Weg.

Sie sahen genauso aus wie alle Leute, denen ich in den letzten Wochen begegnet war: Sweatshirts mit Reißverschluss und dazu verwaschene schwarze Jeans. Das Einzige, was sie von Leuten wie Bernd unterschied, waren die Schläger-Visagen unter den Kapuzen. Mein Bedrohungspegel schoss schlagartig in die Höhe, und ich rannte in blinder Flucht über die Straße. Ein ohrenbetäubendes Hupkonzert folgte. Ein Mann brüllte mir eine Standpauke hinterher, die noch andauerte, als ich längst auf der anderen Straßenseite war und außer Hörweite rannte. Meine Peiniger waren mir nicht gefolgt – sie waren zwar gewalttätige Schlägertypen, aber nicht so dumm, im dichten Berliner Verkehr über die Straße zu laufen.

In den Jahren zwischen zwanzig und dreißig hatte ich all meine Energie darauf verwendet, Selbstvertrauen und einen eigenen Stil zu entwickeln. Doch in Berlin schwand dieses Selbstvertrauen von Tag zu Tag. Drehbuchschreiber und faschistoide Schlägertypen vereinten sich im Hass auf meine Klamotten. Ich musste an eine Szene aus dem Film *Sex, Lügen und Video* denken, wo der von James Spader gespielte Proto-Hipster ganz in Schwarz bei einem alten College-Freund zum Abendessen erscheint. Der alte Freund, inzwischen Börsenmakler, fragt ihn spöttisch, ob er zu einer Beerdigung will. Die Szene soll zeigen, was für ein bornierter Typ der Börsenmakler ist; aber für mich zeigt sie auch, wie weltfremd die Spader-Figur ist. War ich diese Figur? Zum ersten Mal seit der Highschool machte ich mir ernsthafte Gedanken um mein Äußeres, und zwar keine positiven. Nach dem Grundsatz der Offenheit hatte Bernd gesagt, was er dachte, und mich damit zu einem unsicheren, beleidigten Teenager degradiert. Doch irgendwie spürte ich, dass etwas in Bewegung geraten war: Wegen meiner eleganten Erscheinung verspottet und »Schwuli« genannt zu werden löste einen primären Kindheitswunsch in mir aus: so zu sein wie die anderen, dazuzugehören, meine endgültige Nische im Berliner Ökosystem zu finden. Würde ich dem weißen Schal abschwören müssen?

Eine Woche später hatte Stefan Geburtstag. Ulrikes Hauptgeschenk war, neben ein paar CDs, ein Kapuzensweatshirt von Carhartt. Als er es auspackte, hätte er nicht glücklicher sein können. In Amerika war Carhartt eine Kleidermarke für Leute, die Tätigkeiten im Freien verrichteten oder mit giftigen Chemikalien arbeiteten. Doch Stefan wirkte, als hätte ihm jemand einen Ferrari-Schlüssel in die Hand gedrückt. Ich ließ den Schal, den ich ihm aus Spaß gekauft hatte, in meiner Tasche verschwinden und erklärte, ich würde das Geschenk nachliefern.

Bevor wir später wieder zu unserem Stammitaliener gingen, mussten wir anderthalb Stunden auf Ulrike warten. Bei der Zeit, die sie gebraucht hatte, um sich aufzuhübschen, erwartete ich mindestens eine Frisur à la Madame de Pompadour und mehrere Sedimentschichten kunstvollen Make-ups. Doch Ulrike war ungeschminkt. Sie hatte so lange gebraucht, um die ideale T-Shirt-Kombination für den perfekten Zwiebellook zu erzielen. Dann, auf dem Weg ins Treppenhaus, tat sie etwas, das noch nie jemand getan hatte: Sie zog mir das Hemd aus der Hose.

»Viel besser«, sagte sie. »Sonst wirkst du so steif.« Und schon kämpfte sich die beleidigte Leberwurst in mir wieder an die Oberfläche. Ja, der Miesepeter hatte mich sofort wieder so im Schwitzkasten, dass ich mich fragte, ob ich an dem Abend überhaupt noch einmal den Mund aufbekommen würde.

Die Pizzeria war wieder überfüllt von Hipstern in Sweatshirts, grauen Jeans und antiken Puma-Turnschuhen – der freudlosen Uniform dieses Winkels der Welt. Resigniert sah ich ein, dass ich nur eins tun konnte: den Kopf einziehen und beten, dass irgendwann ein anderer Stil am Horizont erscheinen würde. Wahrscheinlich hatten diese Leute die Achtziger in denselben albernen Streifen und grausamen Pastelltönen verbracht wie ich. Das Rad der Mode würde sich weiterdrehen – jedenfalls hoffte ich das. Bis dahin blieb der weiße Schal im Schrank.

Als sich an diesem Abend unsere Wege trennten, fragte ich Ulrike, wo der nächste Carhartt-Laden war.

Ich kann nicht sagen, man hätte mich nicht gewarnt. Als ich in New York verkündete, dass ich nach Berlin ziehen würde, überschütteten mich meine Freunde mit E-Mails, die auf ein und dieselbe Website verwiesen: »Lesbe oder Deutsche?« stand dort zu lesen. Gezeigt wurden dazu Fotos von Frauen Mitte vierzig mit Stoppelhaarschnitt, Sandalen und 80er-Jahre-Kleidern in Neonfarben, häufig mit praktischer Nierentasche. Ich fand die Seite ganz witzig, aber sie pflanzte die Saat der Angst in meine Brust. Als ich New York verließ, stand es in seinem modischen Zenit. Und auch wenn ich genug von Models hatte, die in Begleitung von Jungmillionären oder berühmten Sportlern aus riesigen SUVs stiegen – ein Leben, das mir selbst verschlossen blieb –, fürchtete ich mich doch vor dem, was diese Website verhieß.

War ich wirklich auf dem Weg ins Land der Nierentasche? Allein von der Vorstellung wurde mir schlecht. So etwas trugen meine *Eltern.*

Gleichzeitig tauchten in jeder coolen Zeitschrift Berliner Hipster mit ihrer selbstgemachten Mode auf und der Botschaft, Berlin sei das neue New York. Ich hörte von den unglaublichsten Läden, die von den angesagtesten jungen Designern aufgemacht wurden. In den Zeitschriften wirkte alles kreativ und frei und leicht, wie im New York der 70er- und 80er-Jahre. Und dann war da noch der Expressionismus, die Goldenen Zwanziger, Marlene Dietrich im Smoking. Bestimmt wog all das schwerer als die Website »Lesbe oder Deutsche?«.

Am nächsten Tag rief ich meine Freundin Annie an. Sie war Kostümbildnerin und lebte in New York. Es war ihr Job zu wissen, wie sich die Leute auf der ganzen Welt anzogen und was in welcher größeren Stadt gerade angesagt war. Bestimmt konnte sie mir sagen, wie ich mich in meiner Lage zu verhalten hatte.

»Berlin ist eine Stadt für Insider«, erklärte sie. »Die Berliner Mode ist ausgesprochen *exigeant.*«

»Exigeant?«, fragte ich. Ich kam mir vor wie ein Banause. »Heißt das abstrakt oder so was?«

»Es ist alles etwas anspruchsvoller«, sagte sie. »Es geht um Querverweise, um Codes, die man entschlüsseln muss.«

Die Codes verwiesen für mich vor allem in Richtung Kanal- und Bauarbeiter. Also suchte ich den nächsten Carhartt-Laden auf und gab mein letztes Geld für ein graues Kapuzensweatshirt mit Reißverschluss und hohe gelbe Puma-Sportschuhe aus, in denen meine Füße wie riesige Nacktschnecken aussahen. Als ich mich im Spiegel betrachtete, versuchte ich krampfhaft, darin einen Hauch von Attraktivität zu entdecken, aber ich sah nur einen Mittdreißiger, der wie ein depressiver Neunzehnjähriger aussehen will. Dennoch stand meine Entscheidung fest. Ich hatte mir die Basics zugelegt, und vielleicht konnte ich irgendwann mit den Querverweisen weitermachen und die Codes knacken.

Langsam gewöhnte ich mich an die neue Persönlichkeit. Ich sah mich stundenlang im Spiegel an und versuchte mein dünner werdendes Haar lang zu ziehen, damit es mir bis an die Brauen reichte. Dann verkündete FvD, wir würden übers Wochenende ihre Schwester in München besuchen. Wie aufregend: Ich konnte meinen neuen Look in einer neuen Stadt testen und vielleicht ein paar neue Tricks dazulernen, die ich nach Berlin zurückbringen würde. FvD versuchte meine Erwartungen zu dämpfen.

»München ist anders«, sagte sie. »Die Stadt besteht aus Solariumbräune und Goldlamé.«

Wir fuhren mit dem Zug nach München. FvDs Schwester holte uns am Bahnhof ab. Ich verlangte augenblicklich in die Innenstadt geführt zu werden, und wir liefen über die Maximilianstraße. Obwohl es in Strömen regnete, sah ich Mittfünfziger in bis zum Bauchnabel aufgeknöpften weißen Hemden aus Ferraris steigen; ich sah Frauen, die gekleidet waren, wie ich es seit *Dallas* und *Denver-Clan* nicht mehr gesehen hatte: weiße Hosen zu absurd hohen Stöckelschuhen und darüber Pelzmäntel. Ich sah Leopardenjacken und Seidenblusen. Ich war … überrascht, gelinde gesagt.

Bei meiner Schwägerin blätterte ich durch eine Ausgabe der Zeitschrift *Gala*. Auf dem Cover war ein Mann namens Flavio Briatore zu sehen, der zu jener Zeit mit Heidi Klum zusammen war. Als Paar waren sie das perfekte Destillat dessen, was ich soeben auf der Maximilianstraße gesehen hatte: alte, superbraune Männer, die aussahen wie Dauerkokser, und ihre blonden, superbraunen Gespielinnen. Der Anblick von Flavio und Heidi zeitigte Wirkung. Plötzlich fand ich München aufregend, es kam mir vor wie Miami oder Los Angeles. New Yorker lieben solche Orte: Während wir so tun, als würden wir die Geschmacks- und Kulturlosigkeit der Einheimischen verachten, bewundern wir heimlich ihren sonnenverwöhnten Lebensstil und ihren unreflektierten Hedonismus. Hier konnte ich so viel weiße Hemden und Blazer tragen, wie ich wollte, und keiner würde mich fragen, ob ich auf dem Weg zu einem Vorstellungsgespräch war. Nur bei der Sonnenbräune haperte es leider erheblich: Ich war von Natur aus kreidebleich.

Als wir uns abends zum Ausgehen fertig machten, verzweifelte ich fast an der Kleiderfrage: Ich hatte keinen Goldschmuck, und auch meine weißen Hemden hatte ich zu Hause gelassen. Mitgebracht hatte ich nur meine coolen Berliner Hipster-Klamotten: das Carhartt-Sweatshirt und ein altes Coca-Cola-T-Shirt, das ich vor dem Mülleimer gerettet hatte. Ich redete mir ein, dass es keine Rolle spielte: FvD und ich mussten einfach nur Selbstvertrauen ausstrahlen. Womit FvD kein Problem hatte, denn ihr war es wirklich egal. Für mich würde das schon schwieriger werden.

Aus einem Reiseführer hatte ich eine Liste von interessanten Orten herausgesucht, die ich mir ansehen wollte. Der erste war eine Bar namens *Brenner*. Es handelte sich um einen großen offenen Raum mit einem Restaurant im hinteren Teil, dessen Empfangschef nicht einmal den Kopf hob, während wir minutenlang vor ihm standen und warteten. Irgendwann glaubte ich zu bemerken, wie sein Blick auf meine gelben Turnschuhe fiel. Ein subtiles Zucken schien über sein Gesicht zu flackern, und er ignorierte uns weiter. Zwischen den Marmorsäulen standen blonde Amazonen, mindestens zwei Meter groß, in engen Kleidern mit vielen glänzenden Accessoires. Ich war wie hypnotisiert, und nicht minder von den Männern, die sich in Gruppen von sechs oder acht um die Amazonen scharten. Ob alt, ob jung, alle entsprachen sie dem Profil eines Flavio Briatore – weite Hemden, die über die Hose hingen, gewöhnlich bis zur Brust aufgeknöpft; das Haar mit Gel an den Kopf gelegt. Alle rauchten sie Zigarre. Die Musik war nichtssagend und laut und klang vage nach Miami Sound Machine oder anderen Gute-Laune-Bands von vor fünfzehn Jahren.

»Wir müssen hier raus«, sagte FvD.

»Wieso?«, fragte ich. »Das ist doch großartig. Sieh dir doch mal diese Leute an!«

»Ich kriege eine Panikattacke«, sagte sie. »Wir sind auf der dunklen Seite.«

Ich gab nach. Mein Reiseführer empfahl als nächstes Ziel das *Schumann's*. Hier gab es weniger Goldlamé, und die Hemden der Männer saßen nicht ganz so lose wie im *Brenner*. Stattdessen wirkten die Leute wie das Abziehbild dessen, was man sich circa 1987 unter »Lifestyle« vorgestellt haben mochte. Die Kellner ignorierten uns. Alle anderen auch.

»Was ist hier los?«, fragte ich. Ich war am Verdursten.

»Wir sind zu bleich. Wir tragen kein Goldlamé«, erklärte FvD. »Für die sind wir wie Mitglieder eines fremden Stammes.«

Traurig blickte ich herab auf mein Carhartt-Sweatshirt.

Ich wollte noch einen heißen Tipp ausprobieren. Doch als ich dem Taxifahrer in meinem besten Deutsch das »Peh eins« als Ziel nannte, sah er mich komisch an. »Ihr wollt ins *P1*?«, antwortete er auf Englisch. Kopfschüttelnd musterte er mich von oben bis unten. »Wie ihr meint.«

FvD sah mich beunruhigt an. »Es ist unmöglich, da reinzukommen«, sagte sie. »Ich glaube, niemand, den ich kenne, hat es je geschafft.« Sie wirkte geradezu ängstlich. Aber ich schüttelte den Kopf. Es war Zeit, dass der Therapeut wieder ins Spiel kam.

»So oberflächlich können die doch gar nicht sein«, erwiderte ich mit einem letzten Rest Selbstbewusstsein.

Als wir aus dem Taxi stiegen, fragte der Fahrer, ob er warten sollte.

»Worauf?«

»Falls wir nicht reinkommen«, erklärte FvD.

Ich schickte ihn mit einer Handbewegung fort.

Auf dem Weg zum Eingang starrte FvD trotzig geradeaus. Ich setzte ein breites Lächeln auf und bereitete mich mental darauf vor, die Türsteher um den Finger zu wickeln. Doch als wir näherkamen, musterten sie schweigend meine Schuhe, dann wechselten sie einen Blick. Alles vollzog sich in völligem Schweigen. Der Größere sah mich an und schüttelte stumm den Kopf. Auch mir fehlten die Worte; von FvD konnte ich keine Hilfe erwarten, und auf Englisch um Einlass zu flehen war mir zu peinlich. Also setzte ich einfach ein hoffnungsvolles Gesicht auf und hob flehentlich die Augenbrauen. Der Türsteher sah wieder auf meine Schuhe, dann glitt sein Blick über meine abgetragenen schwarzen Jeans, die schmutzig-blaugraue Jacke und den Carhartt-Sweater. Schließlich sah er FvD an und zuckte mit den Schultern, als wollte er sagen: »Was soll ich denn machen?«

»Komm«, sagte FvD. »Ich habe dir ja gesagt, wir brauchen Goldlamé. Und du hättest dir was in die Haare schmieren sollen.«

Als wir zur Straße zurücktrotteten, hielt vor uns ein dicker Mercedes, aus dem Euro-Dance wummerte. Die Tür des Fonds ging auf, und ich hatte das Gefühl, in ein Blitzlichtgewitter zu schauen. Die Menschen, die ausstiegen, strahlten im Licht des Clubs. Ihre Kleider glänzten. Sogar ihre Zähne leuchteten blendend weiß in ihren dunkelbraunen Gesichtern. Die Männer trugen Blazer und Hemden, wie ich früher, das Haar zurückgegelt, und ihre Bräune und ihre Zähne sahen aus, als hätten sie viel Geld gekostet. Die Frauen waren in metallische Stoffe und Paschminaschals gehüllt, trugen Stöckelschuhe und wirkten, als würden sie aus einem noch exotischeren Land als Deutschland kommen. Sie unterhielten sich in einer Mischung aus Deutsch und Spanisch oder Portugiesisch, genau konnte ich es nicht sagen, aber anscheinend lebten sie genau das Jetset-Leben, von dem ich immer träumte. Als sie durch die Tür des *P1* spazierten, würdigten sie die Türsteher keines Blickes.

Während ich zusah, wie sie in den Club marschierten, dessen Türen uns verschlossen blieben, wurde der New Yorker in mir furchtbar wütend. Doch der Berliner in mir – ein leises Stimmchen, das sich in all dem Durcheinander gerade erst Gehör verschaffte – meldete sich beschwichtigend zu Wort: Ich stand also vor der Tür eines Nachtclubs, der anscheinend ein Magnet für geschmacklose, dumme Reiche war. Was wollte ich da überhaupt? Vielleicht war es gar nicht so wichtig, in den Club hineinzukommen – und vielleicht war es auch nicht so wichtig, der König der New Yorker Dandys zu sein. Jedenfalls hatte ich jede Menge Zeit, darüber nachzudenken, wie oberflächlich es war, sich um Äußerlichkeiten, Kleider und das ganze Zeug zu kümmern, denn das Taxi war weg, und wir hatten einen langen Heimweg vor uns.

Das war meine Situation: Ich war weit weg von zu Hause, hatte immer noch keinen Job und zerbrach mir den Kopf über Carhartt, Solariumbräune, weiße Zähne und darüber, warum Türsteher immer den Kopf schüttelten, wenn sie meine Schuhe sahen. Dabei hing mein Leben am seidenen Faden. Ich war der Gnade einer zusehends ungeduldiger werdenden FvD ausgeliefert, und wenn ich ihre Geduld weiter strapazierte, indem ich sie an Orte wie das *P1* schleppte, um dann vor der Tür stehenzubleiben, hatte sie vielleicht bald die Nase voll von mir.

Aber das Schlimmste an diesem zwanghaften Nachdenken über Äußerlichkeiten war, dass ich mich in einen reaktionären Idioten verwandelte. Dabei wollte ich doch auf der Seite der Avantgarde, der Jugend, stehen; ich wollte kein alter Grantler sein, der seine eigene Generation verdammte, ohne sie zu verstehen. Und vor allem wollte ich keiner dieser blasierten Amerikaner sein, die nach Europa kamen und über alles, was sie sahen, die Nase rümpften und es damit verglichen, was sie von zu Hause kannten. Also fasste ich, während ich nachts neben einer wütenden FvD durch Münchens eiskalte Straßen stapfte, einen Entschluss: Ich würde Deutschland, und vor allem Berlin, unvoreingenommen kennenlernen. Zu diesem Zweck musste ich alle meine amerikanischen Instinkte unterdrücken; ich musste mich unsichtbar machen.

Als wir wieder in Berlin waren, beschloss ich, das Thema Mode von Neuem anzugehen. Ich würde Recherchen anstellen und versuchen, die »Querverweise« zu entschlüsseln. Wissen war Macht. Meine Freundin Annie in New York nannte mir eine Boutique in Mitte, die, wie sie sagte, das Nonplusultra der Berliner Mode war. Die Vorstellung, von einem ultrahippen Ladenbesitzer zur Schnecke gemacht zu werden, machte mich nervös. Vielleicht lachten mich Verkäufer und Kunden aus oder fragten mich, ob ich nachher ein Vorstellungsgespräch im Irrenhaus hätte. Trotzdem nahm ich meinen Mut zusammen und marschierte los.

Als ich die Adresse endlich fand, stellte sich heraus, dass die Boutique hinter einer unbezeichneten Metalltür in einem Hinterhof versteckt war. Ich drückte gegen die Tür und folgte einer Betontreppe nach unten in einen dunklen Keller, der nur von einer lila Neonröhre erleuchtet wurde. Die Wände waren schwarz gestrichen – falls es überhaupt welche gab. Hinter dem Ladentisch stand ein großer Junge mit riesiger schwarzer Brille und einem schwarzen Reißverschlusssweatshirt. Er hatte die Kapuze über den Kopf gezogen, so dass es aussah, als schwebte sein Gesicht im Raum. Er ignorierte mich, als ich mich auf der Suche nach Kleidungsstücken durch den Laden tastete. Endlich entdeckte ich etwas: ein langes Brett aus unbehandeltem Holz. Darauf lagen ein Sweatshirt und ein Paar Turnschuhe. Ich beugte mich hinunter und versuchte, im lila Licht etwas zu erkennen. Das Sweatshirt schien grau zu sein, mit blendend weißem flauschigem Futter. Als ich eine Zeitlang auf das Preisschild gestarrt hatte, sagte das schwebende Gesicht mit der Brille auf Englisch: »Dreihundert Euro.«

Die Turnschuhe waren aus weichem weißem Leder und sahen wie die Reebok-Schuhe aus, die Krankenschwestern in den 80er-Jahren trugen. Sie kosteten vierhundertzwanzig Euro.

»Entschuldigung«, sagte ich. Plötzlich kochte die rechtschaffene amerikanische Entrüstung in mir hoch. »Ist das ein besonderes Sweatshirt? Es erscheint mir ziemlich teuer.«

»Ist Handarbeit«, sagte der Junge.

Ich hielt es ins lila Licht. Hätte ich eine Nähmaschine gehabt, hätte ich so etwas selber nähen können. Ich hatte keine dreihundert Euro auf dem Konto; ich hatte noch nicht mal dreißig. Während ich das Ding hochhielt, stieg Wut in mir auf. Ich wollte es in Stücke reißen und schreiend aus dem Laden stürmen. Hätte mir jemand ein Flugblatt hingehalten, ich wäre sofort in die Kommunistische Partei eingetreten. Stattdessen legte ich das Kleidungsstück vorsichtig zurück und ging steif die Treppe hinauf.

Draußen auf der Alten Schönhauser Straße kamen mir fünf junge Leute Anfang zwanzig entgegen, die den ganzen Bürgersteig in Beschlag nahmen. Sie redeten – nein, sie schrien – amerikanisches Englisch mit einem breiten Akzent: Boston, vielleicht Chicago, jedenfalls nicht New York. Abgestoßen und zugleich fasziniert blieb ich stehen. Sie trugen die glänzenden Uniformen der gehobenen amerikanischen Mittelklasse. Ihr Haar war gut gekämmt und glänzte; nicht die Spur der depressiven Post-Punk-Mattheit, die in Berlin zur Schau getragen wurde. Ihre Füße steckten in Wanderstiefeln oder praktischen Gore-Tex-Nikes, die aussahen, als wären sie in einem Labor für Kernphysik entwickelt worden.

Sofort hatte ich die unterirdische Höhle mit den handgemachten Dreihundert-Euro-Sweatshirts vergessen. Was würden junge Amerikaner von der Berliner Mode halten, die zu verstehen mir so schwer fiel? Sie blieben vor einer Boutique stehen und fingen an zu kichern, als sie die schwarzen

Sweatshirts und schmutzig aussehenden Jeans im Schaufenster sahen.

»Zweihundertfünfzig Euro für ein Paar verwaschene Jeans«, sagte eine Blondine verächtlich.

»Das ist ja absurd«, sagte eine zweite.

»Schwuchteljeans«, schnaubte einer der Jungs.

Das Mädchen neben ihm gab ihm spielerisch einen Klaps.

»Hast du etwa was gegen Schwule?«, rief sie, aber sie lachte dabei. Dann schlenderte die Gruppe weiter, reich an Selbstgerechtigkeit und amerikanischem Geld. In ein paar Stunden würden sie in einem Irish Pub sitzen und Guinness trinken und sich weiter über Berliner Jeans lustig machen und darüber, dass die Leute hier so bleich waren.

Das waren also meine Landsleute?

Als ich ihnen hinterhersah, hatte ich ein Kribbeln auf der Haut und ein Rauschen in den Ohren. Sie machten es mir beinahe zu leicht. Es war so offensichtlich, dass *das* meine Gegner waren, nicht Bernd und Ulrike und Stefan, von denen keiner, nicht in einer Million Jahre, so etwas wie »Schwuchteljeans« sagen würde. Ich hatte diesen Grundton des durchschnittlichen Amerika seit Jahren nicht gehört, dieses Selbstvertrauen, das an Größenwahn grenzte. Genau davor war ich geflohen.

Schwuchteljeans!

Plötzlich war Berlin wieder eine warme, freundliche Stadt, die mich förmlich zu umarmen schien.

WIRTSCHAFTSWUNDER

Mein erster preußischer Winter war der längste Winter meines Lebens. Anfang Februar hatte ich das Gefühl, ein halbes Jahr in der Arktis hinter mir zu haben. Immer wieder nahm ich mir FvDs Weltatlas vor, suchte New York und fuhr die Strecke nach Europa mit dem Finger nach. New York lag auf der Höhe von Palermo. Und Berlin war, wenn man weiter nach Osten ging, auf dem gleichen Breitengrad wie Irkutsk in Sibirien.

Unsere wirtschaftliche Situation dagegen erinnerte mehr an die Dritte Welt als an Nordeuropa. Ich hatte zwar endlich einen Job gefunden – ich unterrichtete dreimal die Woche an der School of Business English in Mitte –, doch wenn ich die Tram-Fahrkarten abzog, kam ich auf sieben Euro die Stunde. Ich lebte weiter über meine Verhältnisse. Abgesehen von meinen ständig wechselnden Kleiderbedürfnissen vernichtete ich unsere Ersparnisse neuerdings mit meinem unstillbaren Appetit auf deutsche Snacks.

Amerika ist bekannt für seinen Überfluss an billigen Lebensmitteln, doch auf dem Weg nach New York werden aus den billigen Lebensmitteln teure Lebensmittel, was auch erklärt, warum alle New Yorker aussehen wie Magersüchtige. Nach elf Jahren in New York war Deutschland wie ein riesiges Hochzeitsbuffet für mich, jeder Supermarkt war wie Ali Babas Höhle, bis oben angefüllt mit exotischen Gaumenfreuden. Jede neue Entdeckung – Erdnussflips, Kartoffelchips mit Paprikageschmack, die tausend Arten, auf die Haselnüsse in Schokoladenriegeln verstaut werden konnten – war ein Grund, mich wochenlang damit vollzustopfen. Ich fragte mich, warum meine deutschen Landsleute nicht alle durch die Straßen schwabbelten, wie wir es in Amerika taten. Für das, was in New York ein Salat kostete, konnte ich bei Kaiser's um die Ecke so viele extragroße Tüten Chips kaufen, wie ich tragen konnte, und dazu alle möglichen exotischen Konserven und Fleischwaren mit den seltsamsten Namen. »Schau mal, was ich gefunden habe«, sagte ich zu FvD nach einem Beutezug im Supermarkt. »Was genau ist ›Briesmilzwurst‹ eigentlich?«

Doch dann wurde meine Kreditkarte von der amerikanischen Bank gesperrt. Während sich unsere persönliche Finanzkrise zuspitzte, schien FvD die rettende Idee zu haben. Doch ihr Blick verdüsterte sich, als sie bedeutungsschwer sagte: »Wir müssen anfangen, bei Aldi einzukaufen.«

»Al-was?«, fragte ich und verschluckte mich fast an einer Handvoll süß-scharfer Thai-Erdnussflips. Das klang wie eine ägyptische Dönerbude.

»Aldi. Meine Eltern kaufen auch da ein.«

Ich bezweifelte, dass ein Laden, in dem die Gräfin einkaufte, billiger sein könnte als unser Kaiser's. Wenn ihn Aristokraten frequentierten, musste Aldi doch ein Delikatessengeschäft voller Foie Gras, Fasanenbrüste, Kaviar und all dem anderen Zeug sein, das Aristokraten eben so aßen. Trotzdem, ich war bereit für das Abenteuer.

Und so fuhren wir eines Nachmittags Mitte Februar zur großen Aldi-Filiale in Schöneberg. Ich war gespannt auf die Luxusgüter, die uns erwarteten, und fragte mich, wie wir sie bezahlen sollten. Die Mercedes und BMWs auf dem Parkplatz bestätigten mir, dass ich dabei war, die Jagdgründe der Millionäre zu betreten.

Doch als wir den Markt betraten, verfiel ich in eine Art Schockstarre. Ich erinnere mich kaum an die Erfahrung, nur an nackte Neonröhren und grau wirkende Menschen, die in Kisten wühlten; es war wie eine postapokalyptische Vision des letzten Ladens auf der Erde. »Was zum Teufel war das?«, fragte ich, nachdem ich mich im Auto vom Schlimmsten erholt hatte. »Ich dachte, wir wollten dahin, wo die Gräfin einkauft.«

»Hör auf, sie so zu nennen«, sagte FvD. »Alle gehen zu Aldi. Es ist nichts dabei.«

»Ich kann da nie wieder hin«, sagte ich und sank tief in meinen Sitz.

»Wir sind pleite. Gewöhn dich dran. Du musst nur deinen inneren Schnäppchenjäger rauslassen.«

Irgendwo tief in meinem Innern fühlte ich einen Schmerz, als hätte mir jemand ein Messer in die Nieren gestoßen.

Meine allergische Reaktion auf Aldi ging nicht auf reinen Snobismus zurück. Vielmehr fühlte ich mich in meine Pubertät zurückversetzt: Ich hatte Angst, so zu werden wie meine Eltern. Mein Vater und meine Mutter waren die archetypischen amerikanischen Schnäppchenjäger. Auf der Suche nach dem niedrigsten Preis gingen sie über Leichen; es wäre ihnen völlig egal gewesen, ob sie Erdnussflips von Funny Frisch aßen oder eine billige Kopie. Dass die Schnäppchenjagd zum Familiensport der Martins wurde, hatte einst gute Gründe gehabt, denn in den 1970ern war es uns finanziell einfach nicht besonders gut gegangen. Nach und nach wurde die aus der Not geborene Tugend der Sparsamkeit für meinen Vater zur fixen Idee. Irgendwann in den 80ern machte er die bahnbrechende Entdeckung, dass unser Lebensmittel-Budget sich stark drücken ließ, indem wir auf Gefängniskost umstellten. Eines Tages, als er in die Einfahrt fuhr, war der Kofferraum des Hondas so schwer beladen, dass er fast den Boden berührte. Mein Vater riss die Klappe auf und präsentierte uns stolz eine Reihe von Zehn-Liter-Eimern Mayonnaise, Senf, Ketchup und Erdnussbutter. Die Dinger hatten nur ein paar Dollar gekostet, berichtete er, in einem neuen Laden namens Sam's Club, der in Großeinheiten verpackte Lebensmittel für Krankenhäuser und Gefängnisse an Privatleute vertrieb. Seitdem gab es bei uns nichts mehr in normalen Verpackungseinheiten. Wenn ich jetzt an Discountware dachte – und an Aldi-Preise –, erinnerte ich mich unweigerlich an Berge von Mayonnaise, und mir wurde schlecht. Aber meine finanzielle Situation war ähnlich wie die von Deutschland im Jahr 1945, nur dass ich keinen Marshall-Plan hatte. Auch Deutschland hatte, wie meine Eltern, seine sparsamen Tugenden in schlechten Zeiten entwickelt und sie sich auch dann bewahrt, als das Land wieder zu Wohlstand gelangt war. Es störte mich nicht, wenn wir uns fürs Erste von Aldi-Produkten ernährten, aber ich fürchtete mich vor dem, was danach kam: Würde ich mich mit einem Schlag und unwiederbringlich nach Art meiner Eltern in ein Schnäppchen jagendes Wesen verwandeln, für immer und ewig dazu verdammt, auf der Suche nach billigen Leckerbissen die Umgebung abzugrasen?

Ein paar Wochen nach meiner albtraumhaften Aldi-Erfahrung besuchten mich meine Eltern zum ersten Mal in Berlin. Sie schienen sehr zufrieden mit meinem neuen Lebensraum und überschütteten FvD mit Dank dafür, dass sie mich aus meiner beengten, teuren, schmutzigen New Yorker Existenz befreit hatte. Sie schritten unsere Zweizimmerwohnung ab, als wäre es eine Villa mit Golfplatz.

»Die Wohnung hat Fenster!«, stellte mein Vater voller Stolz fest. In der Zwischenzeit besichtigte meine Mutter die Küche.

»Was ist das?«, fragte sie und hielt eine Tüte Aldi-Erdnussflips hoch.

»Frag nicht«, sagte ich. Dann öffnete sie eine Schachtel Cracker für das Abendessen. Zusammen mit den Erdnussflips waren sie gar nicht schlecht.

Am nächsten Abend waren wir bei der Gräfin und ihrem Mann, einem Diplomaten im Ruhestand, zum Essen eingeladen. Die Begegnung versprach, vorsichtig gesagt, kompliziert zu werden. Abgesehen von den normalen Spannungen beim ersten Treffen von Schwiegerfamilien gab es bei unseren Eltern keinerlei kulturelle Gemeinsamkeiten. Meine Eltern lebten in einer friedlichen amerikanischen Kleinstadt, in der es kein Verbrechen gab und alle Probleme der Welt weit weg zu sein schienen. Auch wenn meine Mutter Sozialarbeiterin war und täglich mit Menschen aus äußerst prekären Verhältnissen zu tun hatte, kehrte sie abends in ein hübsches, gelb gestrichenes Häuschen zurück, das auf der Kuppe eines dicht bewachsenen Hügels stand. Und auch wenn mein Vater selbst aus kleinen Verhältnissen stammte, hatte sein Leben mit einem Stipendium fürs College eine Wende zur Mittelklasse genommen, geprägt von Mittelklasse-Bestrebungen und Mittelklasse-Leistungen, die nicht zuletzt darin bestanden, das kleine gelbe Haus mit überdimensionierten Mayonnaisegläsern zu füllen. Die Gräfin dagegen hatte das Ende des Zweiten Weltkriegs miterlebt, Vertreibung und Flucht und dann die Nachkriegsjahre in Deutschland. Nein, von Gemeinsamkeiten konnte man nicht sprechen.

Auf dem Weg nach Schöneberg instruierte ich meine Eltern. »Redet nur über angenehme Dinge«, sagte ich. »Und vor allen Dingen nicht über den Krieg. Das ist hier absolutes Sperrgebiet.«

Einen Moment wirkten meine Eltern eingeschüchtert. Genau das war meine Absicht gewesen – dafür zu sorgen, dass sie nicht gleich ins Fettnäpfchen traten, indem sie etwa den Holocaust auf den Tisch brachten.

»Keine Sorge«, sagte meine Mutter dann. »Wir sind schließlich erwachsen. Mach dir unseretwegen keine Sorgen.«

Als wir in der großen Altbauwohnung der Gräfin ankamen, versteckte ich mich erst mal im Bad, solange der Smalltalk und die Platzverteilung im Gang waren. Ich wünschte, ich hätte mir eine Ampulle Morphium oder wenigstens einen Flachmann mit Franzbranntwein mitgebracht, um meine Befürchtungen zu betäuben. Doch schließlich schaffte ich es, ein Gesicht aufzusetzen, als würde ich mich einigermaßen wohl in meiner Haut fühlen. Meine Eltern waren doch nette Leute; so schlimm konnte es ja wohl nicht werden.

Als ich mich setzte, erzählte mein Vater gerade aufgeregt eine Geschichte. »Wer war das noch mal – Bomber Harris oder Hap Arnold?«, sagte er. Ich überlegte, um welche Baseball-Mannschaft es ging. »Natürlich ist umstritten, ob Flächenbombardement unter strategischen Gesichtspunkten überhaupt etwas taugt«, fuhr er fort. »Und Dresden war ja mal eine wunderschöne Stadt, die ganze Kultur ... Aber dieser General – war es Harris oder Arnold? – wollte auf Teufel komm raus seine Bomben schmeißen. Vielleicht war er auch einfach übergeschnappt.«

Ich wollte sterben. Mein Vater war mit vollem Karacho ins Sperrgebiet geprescht. Er gestikulierte wild, und es schien, als habe ein Dämon von ihm Besitz ergriffen, der ihn zwang, laut zu seufzen und sich theatralisch die Schläfen zu reiben, während er nach dem Namen des Generals der Air Force suchte, der den Befehl zur Bombardierung Dresdens gegeben hatte. »Harris oder Arnold?«, fragte er noch einmal und blickte nach Antworten suchend zur Decke.

»Ich werde den nächsten Gang holen«, sagte die Gräfin, während sie die Teller einsammelte. »Wenn ich wiederkomme, werden wir über etwas anderes reden.« Ihr Ton war eisig. Um sicherzugehen, dass die Botschaft angekommen war, versuchte ich meinem Vater eine Warnung zuzuflüstern, doch er war heillos ins Dickicht des militärischen Spezialwissens verstrickt.

Allzu schnell saß die Gräfin wieder auf ihrem Platz.

»Ich hab's«, rief mein Vater und lehnte sich verschwörerisch zu ihr hinüber. »Es war Harris!«

Unter dem Tisch trat mir FvD gegen das Schienbein, als wollte sie zwei daraus machen. Die Gräfin sah meinen Vater entgeistert an, dann räusperte sie sich. In diesem Moment ging meine Mutter dazwischen. »Was sind das für wundervolle Ravioli?«, fragte sie unschuldig, mit kindlicher Neugier. »Sie schmecken einfach köstlich.«

Ins Gesicht der Gräfin kehrte die Farbe zurück, und ihre Augen glänzten wieder.

»Ach, die sind von Aldi«, sagte sie mit einem verschmitzten Lächeln.

»Aldi? Was ist denn das?« Meine Mutter war begeistert, ein Thema gefunden zu haben, das der Gräfin ein Lächeln ins Gesicht zauberte.

Unter dem Tisch bekam FvD von mir einen ordentlichen Tritt zurück. Wenigstens war der Rest des Abends gerettet. Ich hatte das Gefühl, dass ich Aldi etwas schuldete: Mein Angstgegner hatte uns alle vor der totalen Katastrophe bewahrt.

Als mein erster Berliner Winter zu Ende ging und meine wirtschaftlichen Aussichten immer noch nicht rosiger wurden, schloss ich Freundschaft mit meinem ersten Deutschen – dem ersten, den ich nicht über FvD kennengelernt hatte. Auf einem Spree-Dampfer fand die Geburtstagsparty irgendeines Werbers statt, den ich über zwei Ecken kannte. Mir fiel ein großer, hagerer Typ auf, der sich einen Teller nach dem anderen auflud und dabei mit niemandem ein Wort sprach. Vielleicht, dachte ich, ist er pleite wie ich; vielleicht ist das für ihn die einzige Mahlzeit der Woche, die nicht von Aldi kommt. Den Burberry-Trenchcoat und das teure Brillengestell ließ ich bei dieser Interpretation außen vor.

Christian kam aus Hamburg, wie sich herausstellte, aber er hatte in New York gelebt und kannte die gleichen Bars und Restaurants wie ich. Das allein hätte für einen Monat Freundschaft gereicht. Nach der Party gingen wir noch etwas trinken. Nach ein paar Drinks begann ich über Aldi zu schimpfen, was inzwischen ein echter Spleen geworden war. Ich nahm an, dass ein Ex-New-Yorker Bruder im Geiste meine Entrüstung teilen würde.

»Ich finde Aldi total unglaublich«, antwortete er.

Ich war mir nicht sicher: Meinte er unglaublich schlecht oder unglaublich gut?

»Aldi hat die weltweit rationalste Verkaufspolitik«, fuhr er fort. »Und die Produkte! Aldi-Champagner ist der allerbeste, weißt du?«

Es folgte eine detaillierte Auseinandersetzung mit Aldis rationaler Vorgehensweise: wie dort an Arbeitskräften gespart wurde, an Licht, Heizung und Kühlsystemen. Dann redete er eine Ewigkeit über Aldis Innovationen im Bereich Logistik und Transport. Es war die euphorischste Beschreibung von Lastwagenrouten und Ladeplattformen, die ich je gehört hatte.

»Wusstest du«, sagte er, als er über Aldis ausgezeichnete Computer sprach, »dass sogar die Stiftung Warentest den Laptops die besten Noten gibt?«

»Was für ein Stift?«, fragte ich.

»Ach komm«, rief er, »du kennst die Stiftung Warentest nicht?«

Es war laut in der Bar, aber zwei junge Frauen, die neben uns standen, hatten anscheinend Teile unseres Gesprächs aufgeschnappt. Jetzt schauten sie zu uns herüber und schienen genauer zuzuhören.

»Die Stiftung Warentest gibt ein Magazin heraus. Es ist wie die Bibel, nur dass jeden Monat ein Kapitel dazukommt«, erklärte Christian. Dann drehte er sich um und unterhielt sich mit den interessierten jungen Frauen. Da ich bisher den Eindruck hatte, dass niemand in Berliner Bars mit Fremden sprach, wertete ich den Verlauf als wärmste Empfehlung für Stiftung Warentest.

Ein paar Tage später kaufte ich meine erste Ausgabe von *Test*. Ich schlug die Zeitschrift auf und spürte, wie sich die ersten Glücksmomente seit langer Zeit einstellten. Mit ihrer kräftigen, modernen Optik und den dicken roten und schwarzen Überschriften, die man noch vom anderen Ende des Zimmers lesen konnte, wirkte sie zugänglich, freundlich auf mich. Ein Artikel über Steuern war mit dem Foto eines jungen Mannes im engen T-Shirt illustriert, der in ein altes rotes amerikanisches Cabrio stieg, an dessen Rückspiegel plüschige rote Würfel hingen. Steuern konnten Spaß machen!

Abends zu Hause holte ich das Wörterbuch aus dem Regal und fing an, *Test* zu studieren. In einem Artikel ging es um private Haftpflicht (»Das wird teuer«). Ich musste nachschlagen, was »private Haftpflicht« bedeutete; allem Anschein nach konnte man sich so etwas wie einen unsichtbaren Schutzanzug kaufen, der einen gegen jedes mögliche Ereignis schützte, eine Art Versicherung gegen das Leben. Der Artikel begann unheilschwanger: »Der Urlaub in Schweden wurde für Maria Andruladt etwas teurer als geplant.«

Daneben ein Bild, das auch als Umschlag eines Krimis getaugt hätte: ein umgekipptes Rotweinglas auf einem weißen Teppich, ein unheimlicher roter Fleck im Vordergrund. Mein Herz klopfte schneller. Auf der nächsten Seite war das Foto einer jungen Frau, die mit geschlossenen Augen und fliegenden Haaren tanzte. Sie sah aus, als wäre sie auf Ecstasy. In dem Artikel ging es um Volumenshampoos (»Fülle für Stunden«).

Das war *wirklich* eine Bibel. Wer kommt schon auf die Idee, Absinth zu testen? Ein solches Füllhorn ... und das *jeden Monat*. Ich hatte, muss ich zugeben, schon immer eine Schwäche für Konsumenten-Magazine. Noch bevor ich in die Pubertät kam, verbarrikadierte ich mich mit dem *Consumer Report*, der amerikanischen Version von *Test*, in meinem Zimmer und verschlang die Testberichte des Monats – Autos, Mückensprays, Toilettenpapier. Freunde hatte ich nicht, und die Kenntnis von Klopapier-Kritiken half mir auch nicht, welche zu finden. Wie in *Portnoys Beschwerden* von Philip Roth klopften meine Eltern an die Tür und wollten wissen, was ich da trieb – nur dass ich traurigerweise nicht meine erblühenden Hormone durch Masturbation zum Schweigen brachte, sondern Produktgutachten in mich hineinstopfte wie ein bulimisches Mädchen Junkfood.

Von nun an stieß ich überall auf *Test* – bei Freunden, in Cafés, beim Mexikaner um die Ecke in Berlin-Mitte – außerdem stapelweise alte Ausgaben auf Toiletten, in Wohnzimmern, unter Schreibtischen. Ich fühlte mich zu Hause – beinahe zu sehr.

Nachdem ich mehrere alte Ausgaben verschlungen hatte, beschloss ich, ein neues Projekt in Angriff zu nehmen: Ab jetzt würde ich nur noch die besten Produkte zu den niedrigsten Preisen kaufen. Mein neues philosophisches Konzept sollte *Preis-Leistung* sein. Ich hatte das Gefühl, den deutschen Werten damit näherzukommen, als es mir als Therapeut gelungen war. Mit der Hilfe von Aldi und der Rückendeckung der Stiftung Warentest würde ich ein erstklassiger Schnäppchenjäger werden. Bestätigt wurde ich in meinem Vorhaben, als ich Stiftung Warentest googlete und ein Interview mit dem Vorsitzenden der Stiftung fand, einem eleganten, kultiviert wirkenden Mann mit großer runder Brille, der sagte: »Uns kann eigentlich keiner stoppen.«

Wow! *Test* war nicht zu stoppen! Und mit *Test* auf meiner Seite war auch ich nicht zu stoppen. Der Therapeut war tot – Vorhang auf für den Schnäppchenjäger.

Es folgten Monate, in denen ich FvD mit meiner Obsession zur Weißglut brachte. »Schau dir das an«, rief ich, als ich einen *Test*-Artikel über Hundesnacks las. »Die meisten der teureren Marken schneiden *weder* in Geschmack *noch* in Nährwert gut ab.«

»Wir haben gar keinen Hund«, knurrte FvD. Doch so einfach kam sie mir nicht davon.

»Ich habe gesehen, dass du immer noch Gard-Shampoo benutzt«, sagte ich. »Dabei ist Pantene das Beste in Volumen, und es ist Preis-Leistungs-Sieger.« Ich klang wie aus einer Parodie auf die hirnlose Konsumgesellschaft. Doch ich glaubte wirklich daran – leidenschaftlich.

Nachdem FvD nur noch mit den Augen rollte, beschloss ich, dass ich mehr tun musste, als nur über *Test* zu reden. Ich musste *Test* selbst testen – indem ich mir irgendetwas *Großes* kaufte. Einen Kühlschrank, eine Matratze – etwas in der Größenordnung. Leider hatte FvD kurz vor meiner Ankunft ein neues Bett und eine neue Matratze angeschafft, womit das ausschied. Je mehr ich mich im Haus umsah, desto klarer wurde mir, dass wir einen Kühlschrank brauchten.

»Unser Kühlschrank ist irgendwie zu klein«, begann der Schnäppchenjäger zu unken.

FvD zog die Brauen hoch. »Seit wann ist es für dich ein Quell der Freude, einen Kühlschrank zu kaufen? In New York hättest du so was nie im Leben gesagt.«

Ich schwieg. FvD hatte es eben nicht mehr mit dem alten Ich zu tun; vor ihr stand der Schnäppchenjäger, mit der Stiftung Warentest im Rücken. Das Wissen, das ich aus der schnell wachsenden Zahl der *Test*-Ausgaben zog, durfte nicht einfach versanden. *Test* und ich mussten uns austoben dürfen.

Dann traf es mich wie ein Donnerkeil. Ich hatte keine Freunde und sehnte mich nach ein bisschen gesellschaftlichem Leben: Warum ließ ich mir nicht von *Test* helfen? Inzwischen kannte ich mit Christian und FvDs Freunden genug Leute für eine kleine Dinnerparty. In New York hatte jede Dinnerparty ein Motto. Das Motto meiner Party würde *Preis-Leistung* sein. Auf der Gästeliste standen Ulrike und Stefan, Nadia und Bernd, Christian sowie Jennifer, eine amerikanische Journalistin, die die Freundin eines Freundes war und seit zwei Jahren hier lebte. Als der große Tag gekommen war, schickte mich FvD am frühen Nachmittag zum Einkaufen.

Ich hatte zwar noch keine Ahnung, was ich meinen Gästen vorsetzen wollte, aber ich dachte, ich könnte mich bei Aldi inspirieren lassen. Als der Schnäppchenjäger die Gänge abschritt, fand sich allerdings nichts, was sich für eine Dinnerparty eignete. Selbstverständlich hatte ich die neueste Ausgabe von *Test* dabei, doch das einzige Lebensmittel, das diese Woche getestet wurde, war Kartoffelpüree. Der Schnäppchenjäger musste sich ohne Preis-Leistungs-Deckung in die Jagdgründe wagen.

Bei Kaiser's schlurfte ich durch die Gänge wie ein Zombie. Vor dem Tiefkühlgemüse blieb ich stehen. Kein einziges Päckchen trug das Gütesiegel der Stiftung Warentest. Keine Noten, kein »Sehr Gut« oder auch nur »Gut«. Wie sollte ich völlig orientierungslos Erbsen kaufen?

Ich ging weiter zum Dosengemüse. Die Uhr tickte: Ich hätte längst zu Hause am Herd stehen sollen, und dabei wusste ich noch nicht einmal, was ich einkaufen sollte. Tiefkühlpizza? Nicht sehr stilvoll – Jennifer reiste extra aus Kreuzberg an. Ich saß wirklich in der Tinte. Endlich stand ich vor dem Kartoffelpüree-Regal. Ich hatte die neueste Zeitschrift in der Tasche; die Hersteller hatten noch keine Zeit gehabt, mit den »Gut«- und »Sehr Gut«-Aufdrucken hinterherzukommen, aber ich wusste, was zu tun war. Meine Party würde im Zeichen der Trockenkartoffel stehen.

FvD war verständlicherweise entsetzt, als ich nach einer dreistündigen Odyssee durch die Supermärkte mit einer Schachtel Kartoffelbreipulver zurückkam. »Es ist für Vegetarier geeignet«, sagte ich. »Außerdem werden sie staunen, wie gut das Zeug ist – in *Test* steht, es schmeckt fast besser als frisches Püree.«

»Mach wenigstens Salat dazu«, sagte FvD. Wir beeilten uns; bis die Gäste kamen, mit Wein in der Hand und vertrauensvollen Mienen im Gesicht, standen ein Salat und eine große Schüssel Püree auf dem Tisch.

Beim Salat fühlte ich mich wie ein Gastgeber, der alles im Griff hatte: Ich trug Carhartt, sodass Bernd nichts zu meckern haben würde; ich redete offen über alles, damit Ulrike und Stefan sich wohlfühlten. Ich erzählte Anekdoten und warf mit Wörtern wie *Testsieger* um mich, als wäre ich der geborene deutsche Konsum-Aficionado.

»Ich wusste gar nicht, dass du deutsche Freunde hast«, sagte Jennifer, die links neben mir saß. »Ich kenne noch keinen Einzigen in dieser Stadt.«

»Oh, ja«, sagte ich, »lauter faszinierende Leute. Hey, Christian«, rief ich quer über den Tisch. »Du glaubst gar nicht, was für ein Preis-Leistungs-Verhältnis der nächste Gang hat. Der absolute Wahnsinn!«

Christian machte ein verwirrtes Gesicht. Er war mitten im Gespräch mit Nadia und Bernd gewesen. Jennifer starrte mich inzwischen ungeniert an. Im gleichen Moment hatte ich das Gefühl, vor mir tue sich eine riesige Leere auf – als würde ich jeden Moment von der Klippe stürzen. Ich hatte Gäste zum Abendessen eingeladen, und es gab nichts außer ... *Kartoffelpüree.*

Am liebsten wollte ich die Zeit anhalten und die Uhr zurückdrehen. Und zwar nicht nur ein paar Stunden bis zu dem Zeitpunkt, als der Schnäppchenjäger im Supermarkt noch Oberwasser gehabt hatte, sondern bis zu dem Tag, als ich auf dem JFK am Delta-Terminal ins Flugzeug gestiegen war. Der Therapeut, der stillose Miesepeter, der Schnäppchenjäger – was passierte bloß mit mir? Ich verlor all meine Bezugspunkte. Ich verlor die Orientierung. Ganz offensichtlich verlor ich mich selbst.

Als die Uhr wieder weiterlief, hatte ich das Gefühl, am Sitz festzukleben. Ich konnte nicht einfach aufstehen und das Hauptgericht holen. Denn sobald ich das täte, würde mich die gesamte Tischgesellschaft steinigen. Ebenso gut könnte ich ihnen auf einem Silbertablett meinen Kopf servieren.

Ich holte tief Luft.

»Okay, Leute«, sagte ich. »Das Motto der heutigen Dinnerparty ist erklärungsbedürftig. Zuerst muss ich euch von einem Mann namens Werner Brinkmann erzählen. Er ist so eine Art Held für mich …«

PRINZ GERMANY

Mein Lieblingsdeutscher ist Prinz Marcus Eberhard Edward von Anhalt, Herzog zu Sachsen und Westfalen, Graf von Askanien, oder einfach »Prinz Germany«, wie er sich gerne nennt. Auf seiner Website gibt es eine Rubrik namens »Familie«; dort ist ein kompliziertes Diagramm zu sehen, das von Queen Victoria und Kaiser Wilhelm I. bis zu Zsa Zsa Gabor und Paris Hilton reicht. Andere Rubriken zeigen verschiedene Häuser und Wohnungen des Prinzen auf der ganzen Welt, eine Sammlung von Ferraris, Rolls-Royce und Mercedes und jede Menge Fotos des grinsenden Prinzen mit großbusigen jungen Frauen im Arm, die leicht oder in manchen Fällen auch gar nicht bekleidet sind.

Ich hoffe sehr, dass ich den Prinzen eines Tages persönlich kennenlernen werde, doch bisher kannte ich ihn nur aus einem *Spiegel*-Artikel mit dem Titel »Pamelas Prinz«. Der Artikel berichtete von einer Autorallye zu »wohltätigen« Zwecken, die der Prinz in Cannes organisiert hatte. Die meiste Zeit der Woche verbrachte er offenbar damit, auf Pamela Anderson zu warten und sie durch die Gegend zu kutschieren. Im ersten Moment freute ich mich für Ms. Anderson: Nach all den schweren, tätowierten, gewalttätigen amerikanischen Ehemännern wurde unsere größte Sexbombe endlich mit einem kultivierten Europäer in Verbindung gebracht, jemandem, der Stil hatte und bei dem sie fraglos in guten Händen war. Doch als ich weiterlas, stutzte ich. Ich hatte einen eleganten älteren Herrn im maßgeschneiderten Lodenmantel erwartet, oder auch einen arroganten Jungspund mit Pomade im Haar und einem stolzen, fein geschnittenen Gesicht. Doch der Prinz auf den Fotos war ein fleischiger, rotgesichtiger Mann, nicht viel älter als ich, mit glänzender schwarzer Igelfrisur. Er hatte das Metzgerhandwerk erlernt. Er war auf den Armen tätowiert. Er trug ärmellose schwarze T-Shirts. Und auf jedem Foto posierte er vor einem aufgemotzten Mercedes-Batmobil, das voll mit Rennaufklebern war. Ein weiterer Mann, der auf vielen der Fotos auftauchte, schien so etwas wie sein Handlanger zu sein – ein riesiger Bodybuilder, der die Gewohnheit hatte, der Kamera die Zunge herauszustrecken. Auf dem letzten Foto war Pamela Anderson zu sehen, die augenscheinlich schwer verkatert neben dem Prinzen in seinem Mercedes saß.

Das war nicht ganz die Art von Adel, die ich in Deutschland erwartet hatte. Das hier war viel aufregender. Da ich wusste, dass Anhalt und Sachsen und andere Orte im Titel des Prinzen tatsächlich existierten, nahm ich an, dass er ziemlich bedeutend sein musste. Außerdem wurde erwähnt, dass Prinz Marcus Besitzer einer Kette von Table-Dance-Clubs namens *Pure Platinum* war. Er war von Zsa Zsa Gabors Ehemann Frédéric Prinz von Anhalt »adoptiert« worden. Prinz Frederick wiederum war vor Jahrzehnten von der uralten Prinzessin Marie adoptiert worden, die eine *echte* Tochter von Kaiser Wilhelm II. war.

Als ich das Wort »adoptiert« las, stockte ich: Meine Kindheitsträume machten Purzelbäume. Ich sah mich an der Gabelung meines Lebenswegs stehen: In einer Richtung wartete ein normales Leben, in dem ich mich unter die Deutschen mischte, eine Familie ernährte, hart arbeitete und hoffte, eines Tages durch meine bescheidenen Anstrengungen bekannt zu werden. Der andere Weg führte zu einem Jetset-Leben, Villen, Autos, einer privaten Insel. Ich sah mich hoch zu Ross über Felder reiten und zu Hause von einem Gefolge von Höflingen und Dienern empfangen werden. Ich musste mich einfach nur adoptieren lassen – und wenn Prinz Marcus es geschafft hatte, warum dann nicht ich? Dann würde ich auch mit Pamela Anderson auf dem Beifahrersitz des Batmobils fahren, vielleicht mit meiner Frau auf dem Rücksitz.

Als ich in Deutschland eintraf, interessierte ich mich wahrscheinlich mehr als sonst jemand im ganzen Land für den Adel. In den glorreichen Tagen der späten 90er war New York, voll von europäischen Aristokraten – französische Grafen waren Dutzendware, es gab italienische Duchessas und spanische Thronanwärter, und vor allem unter den jungen Briten, die in New York lebten, war jeder zweite ein Lord oder eine Lady. Doch außerhalb des Clubs der Lords, Ladys und Duchessas krähte in New York kein Hahn nach ihren Titeln. Ich kannte eine junge deutsche Gräfin, die als Kellnerin arbeitete und einen irischen DJ heiratete. Die Freunde des DJs waren entsetzt, dass er eine Kellnerin geheiratet hatte.

Doch aus irgendeinem Grund fand *ich* den Adel interessant, und ich war entsprechend aufgeregt, als FvD endlich meiner vehementen Forderung nachkam, mir die »Ländereien« zu zeigen. Auf der Suche nach den Wurzeln ihrer Familie fuhren wir in ihrem vogelkackeverkrusteten alten Golf durch Brandenburg. Etwa nach einer Stunde Fahrt durch öde wirkende Felder, die von grauen Wäldern gesäumt wurden, verließen wir die Autobahn. Dann fuhren wir eine Weile auf einer matschigen Nebenstraße am Waldrand entlang.

»Ich glaube, hier ist es«, sagte FvD, als wir die Dorfstraße eines winzigen Örtchens erreichten. Die Siedlung bestand aus nicht mehr als zehn Häusern, die alle direkt an der Straße standen. Es gab keinerlei Hinweis darauf, dass der Ort bewohnt war. In schmalen Einfahrten standen alte Autos, die alle aussahen, als hätte jemand Lackschäden mit Wandfarbe ausgebessert. Dann sah ich, wie sich etwas regte: Ein Spitzenvorhang wurde zur Seite geschoben, ein blasses Gesicht tauchte im Schatten auf und starrte uns an, als wir vorbeifuhren. Unser Vogelgolf war eigentlich kein besonderer Blickfänger, doch hier, im Land von FvDs Ahnen, schien er eine Attraktion zu sein.

Am Ende der Dorfstraße zeigte FvD auf eine kleine Lichtung, die von jungen Bäumen gesäumt wurde.

»Das ist es«, sagte sie.

»Hm?«

»Hier stand er mal. Der Landsitz. Glaube ich. Ich war noch nie hier. Ich glaube, sie haben ihn niedergebrannt oder so was.«

»Du *glaubst*?«

»Ehrlich gesagt weiß ich da nicht so genau Bescheid. Die Russen, die DDR, komplizierte Geschichte.«

»Hätten sie es euch nicht zurückgeben müssen?«, fragte ich. Ich hatte Angst, dass ich zu viel von meinen ehrgeizigen Plänen preisgab, die Ländereien zurückzuerobern, doch ich fuhr fort. »War das nicht eine Bedingung der Wiedervereinigung oder so was?«

»Nö. Oh, es fängt zu regnen an. Wir sollten nach Hause fahren.«

»Du meinst, wir haben gar keinen Anspruch mehr darauf?« Ich sah mich auf dem flachen, trostlosen Gelände um. Im Hintergrund war eine ARAL-Tankstelle.

»Was heißt hier *wir*?« FvD schien noch etwas sagen zu wollen, aber dann schüttelte sie nur den Kopf und ging zurück zum Wagen. Auf dem Rückweg nach Berlin, durch verregnete graue Wälder und nasse Felder, war ich ziemlich verzweifelt.

»Das heißt, es ist nur noch die Wohnung deiner Mutter übrig? Das ist der gesamte Familienbesitz?«

»Oh, nein, die gehört ihnen nicht. Sie sind Mieter, wie die meisten anderen auch«, sagte FvD.

Abends waren wir bei ihrer Mutter zum Essen eingeladen. Ich war ungewöhnlich schweigsam, während ich versuchte, meine Enttäuschung zu verarbeiten. Anscheinend würde ich doch arbeiten müssen, um Geld zu verdienen. Wozu war der blöde Adel überhaupt gut? Wie passte Prinz Marcus in dieses Bild?

»Wie schmeckt das Schnitzel?«, fragte die Gräfin, nachdem ich mich schweigend durch die Mahlzeit geschmollt hatte.

»Es ist spitze«, sagte ich ohne große Begeisterung.

»Ach«, die Gräfin lächelte das kleine Lächeln, das ich inzwischen gut kannte, »das ist doch nur von Aldi mitgenommen.«

Auf der Heimfahrt stellte ich FvD zur Rede.

»Du hast mich reingelegt!«, sagte ich. Ich hatte beim Essen mehrere Gläser Wein getrunken. »Dieses ganze Adelsgedöns ist Quatsch. Ihr habt ja überhaupt keine Besitztümer.«

»Das stimmt«, sagte sie. »Hier bei uns sehen die Leute nicht zum Adel auf. Adlig zu sein ist nicht besonders cool.«

»Aber was hat man dann davon?«

»Gar nichts. Habe ich je behauptet, man hätte was davon?«

»Nein, hast du nicht«, sagte ich. »Aber ich habe gedacht, du willst nur nicht angeben oder so.«

»So etwas Bescheuertes habe ich ja noch nie gehört«, sagte sie, während sie aufs Gas trat und den Golf über die gelbe Ampel scheuchte.

»Ich will ein Leben wie Prinz Marcus«, sagte ich. Doch langsam kam mir die Befürchtung, dass sie nicht mal wusste, wer Prinz Marcus war.

Nachdem mir klar wurde, dass ich in kein Familienvermögen einheiraten würde, hätte ich meine aristokratischen Wunschträume natürlich ad acta legen können. Doch wie jeder gute Unternehmer nahm ich mein erstes Scheitern als Ansporn. Ich durfte eben nicht auf FvDs Familie zählen, sondern musste aus eigenen Kräften in die obere Klasse aufsteigen. Und dann fiel mir eine Richtlinie ein, die mir in Zukunft bei allen Entscheidungen helfen würde: Was würde Prinz Marcus tun?

Es gab nur eine Antwort: Ich musste mich adoptieren lassen.

Leider waren mir bis jetzt nicht viele potenzielle Adoptiveltern begegnet. Mein Sozialleben beschränkte sich auf die Gespräche mit meinen Schülern in der Schule für Business English. Die meisten waren Geschäftsleute und Ingenieure aus der früheren DDR, die umgeschult wurden. Hier bestand keine große Hoffnung auf Klassensprünge. Ich musste abwarten, bis eine reichere ältere Dame auftauchte – wenn es unbedingt sein musste auch ein älterer Herr –, jemand, der große Stücke auf mich hielt und mich unter seine Fittiche nahm, mich den Besitz verwalten ließ, um mich schließlich irgendwann als Erben einzusetzen.

Eines Tages erhielt ich einen Sonderauftrag: Ein »Telekommunikationsmanager« hatte »Privatstunden für Fortgeschrittene« gebucht. Natürlich würde er keinen Fuß in unsere bescheidenen Räume setzen, sondern ich wurde zu ihm ins Büro bestellt. Desinteressiert überflog ich die Details, bis ich den Namen sah: Herr von Bleyfuß. Und schlagartig war ich der interessierteste und interessanteste Englischlehrer auf der ganzen Welt.

Herr von Bleyfuß war Chef einer Interessengruppe der Telekom, deren Büros hinter dem Bahnhof Friedrichstraße am Spreeufer lagen. Als ich das Vorkriegsgebäude und einen sorgfältig restaurierten Innenhof betrat, glaubte ich, Geld und Klasse zu wittern: Alles, was ich sah, vom geharkten Kies in den Beeten bis zu den strahlenden frisch geputzten Fenstern, war um Klassen nobler, als ich es gewohnt war. Herr von Bleyfuß war gerade am Telefon, als ich kam, und sein Sekretär, ein nervöser, androgyner Typ, ließ mich warten. Auch davon war ich beeindruckt.

Endlich wurde ich vorgelassen, und Herr von Bleyfuß kam mir – für einen Aristokraten beinahe zu stürmisch, dachte ich – entgegen. Die Schaltzentrale war eine Enttäuschung. Sein Büro war deprimierend schlicht, nur weiße Wände und grauer Teppich mit Blick auf den gleichen Hof, durch den ich gekommen war. Er war klein und hatte drahtiges graues Haar und eine randlose Brille auf der Nase; mit nervöser Energie schüttelte er mir die Hand, dann sprintete er zurück zu seinem Sessel.

»Ich brauche keine Grammatikstunde. Ich treffe ständig wichtige Leute, auf Konferenzen und so weiter. Und spät abends, nach ein paar Drinks, verhaspele ich mich manchmal auf Englisch. Ich brauche mehr Übung.« *Dafür* brauchte er Englischstunden? Die meisten meiner Schüler brachten auch nach Dutzenden und Aberdutzenden von Stunden keinen gescheiten Satz heraus, doch Herr von Bleyfußens Englisch erwies sich als makellos, jedenfalls wenn er nüchtern war.

Wir verbrachten den Tag damit, über die Telekommunikationsindustrie zu plaudern. Am Ende der Sitzung schien Herr von Bleyfuß mich zu mögen. Als ich ging, klopfte er mir auf die Schulter, schüttelte mir mehrmals die Hand und versprach, dass wir uns von nun an öfter sehen würden. Und so war ich voller Zuversicht, als ich eine Woche später wiederkam: Ich musste mutig sein und meinen Zug machen, bevor zu viel Zeit verging und seine Zuneigung abkühlte oder ich die Nerven verlor. Ich war mir nicht sicher, *was* ich tun musste, damit er mich adoptierte, doch egal was es war, jetzt war der richtige Zeitpunkt dafür.

Wir plauderten ein paar Minuten über Telekommunikation; dann bestand er darauf, mir persönliche Fragen zu stellen – wie ich aufgewachsen war, was ich für Ziele im Leben hatte. Meine gesellschaftliche Herkunft ließ ich im Ungefähren. Ich sagte, in New York hätte ich Schwierigkeiten gehabt, einen Posten zu finden, der »meinen Fähigkeiten entsprach«, und schlug dabei lächelnd die Augen nieder, um Herrn von Bleyfuß wissen zu lassen, dass meine Fähigkeiten bedeutend waren und jede normale Stelle weit unter meiner Würde lag. »Doch genug von mir«, sagte ich schließlich. »Reden wir doch von Ihrer Familie.«

»Ich möchte nicht über meine Familie sprechen«, sagte er und wurde merklich steifer. »Wir sprechen über das, was *ich* will.« Herr von Bleyfußens Zuneigung schien sich plötzlich abzukühlen. Seine Hände lagen reglos auf dem Tisch, und sein Blick wurde starr. Hatte er gerade eine schmerzhafte Scheidung hinter sich?

»Ich meine nicht Ihre familiäre *Situation*. Ich wollte nur Konversation machen. Ich meinte, wie Sie aufgewachsen sind. Wo war Ihr Schloss?«

»Ich glaube, Sie haben einen falschen Eindruck. Wenn Sie mich nun bitte entschuldigen würden, ich muss in ein paar Minuten an einer Konferenzschaltung teilnehmen.«

Herr von Bleyfuß stand nicht einmal auf, als ich mich zum Gehen anschickte, sondern blieb sitzen und starrte vor sich hin. Ich war am Boden zerstört. In wenigen Minuten war ich so tief gefallen. Weder gab er mir die Hand, noch klopfte er mir auf den Rücken. Langsam kam mir der Verdacht, dass Prinz Marcus der einzige Aristokrat im Land war, der wirklich etwas taugte.

Am gleichen Tag hatte ich noch eine Stunde mit einem neuen Schüler. Auf dem Auftragsblatt mit den Details stand als Name nur »Maroush«, ohne einen Hinweis, ob es sich um den Vor- oder den Nachnamen handelte. Ich war immer noch erschüttert durch die Erfahrung mit Herrn von Bleyfuß, als ich am Nachmittag das kleine, weiße Klassenzimmer betrat. Maroush wartete bereits und sah mich kühl an. Er war ein stiernackiger Typ mit dunklem Haar und arabischen Zügen und trug einen glänzenden Anzug mit Einstecktuch und dazu Basketballschuhe.

Wir unterhielten uns kurz, der belanglose Smalltalk, der der betäubend langweiligen Besprechung des Kursprogramms vorausgeht. Nur war der Smalltalk meistens noch schlimmer als das Programm selbst. »What did you do this weekend?«, konnte ich nur montags und dienstags sagen, und die Antwort beschränkte sich gewöhnlich auf wenige Worte wie »Ich habe an meinem Boot gebastelt«, gefolgt von einer unangenehmen Pause.

Maroush dagegen fragte mich aus. Und auch sein Englisch war ziemlich gut.

»Wie sind Sie hier gelandet?«, fragte er mich.

»Hier an der Schule? Oh, ich brauchte einen Job. Ich kannte jemanden, der jemanden kannte, der ...«

»Nein, ich meine in Deutschland. Was hat Sie hergeführt?«

Ich erzählte in kurzen Worten die Geschichte mit FvD. Maroush beobachtete mich durch halb geschlossene Lider. Aus irgendeinem Grund löste seine Coolness bei mir das Bedürfnis aus, ihn zu beeindrucken, und so erzählte ich noch ein bisschen mehr von FvD und dem ganzen Adelsding und sagte, dass ich gern ein Schloss hätte. Er lächelte.

»Wollen Sie das wirklich?«, fragte er.

»Am liebsten würde ich für Prinz Marcus arbeiten«, sagte ich. »Egal in welcher Position. Ich könnte seine Pressemitteilungen schreiben, seine Autos waschen …«

»Vielleicht hätte ich einen Job für Sie«, sagte Maroush.

Eine Woche später saß ich in der Redaktion einer brandneuen Zeitschrift namens *Modern Luxe.* Ich war der Chefredakteur, ein Posten, den ich eigenhändig ins Leben gerufen hatte. Von Maroush war keine Spur zu sehen, aber anscheinend spielte das keine Rolle. Um mich herum arbeiteten Leute, die ihn auch gerade erst kennengelernt hatten, häufig in Nachtclubs. Ein paar Journalisten, ein paar Grafikdesigner, ein paar Party-Kids, die noch bei ihren Eltern wohnten. Auch wenn *Modern Luxe* auf Englisch erschien, sprachen nur wenige von ihnen die Sprache gut. Aber wir hatten alle einen Job, und meiner zumindest war gut bezahlt – ich verdiente mehr als je zuvor in meinem Leben.

Das *Modern Luxe* konnte man nicht abonnieren. Es hatte irgendwas mit einer Kreditkarte für sehr reiche Leute zu tun. Und mein Job als Chefredakteur war, mir auszudenken, was reiche Leute gerne lasen. Ich verließ mich dabei auf mein altes Vorbild: Prinz Marcus. Solange ich bei Rolls-Royce und Champagner blieb, wäre alles in Ordnung.

Der Kontrast zwischen *Modern Luxe* und meinem eigenen Leben hätte nicht stärker sein können. Ich verbrachte meine Arbeitstage damit, zu Luxuskarossen mit diamantbesetzten Armaturenbrettern Recherchen anzustellen und bei Kaschmir-Firmen die Fadenzahl ihrer Decken abzufragen. Doch während Prinz Marcus eine Flotte von Rolls-Royce Phantom und Mercedes SLRs besaß, fuhr der Chefredakteur von

Modern Luxe inzwischen einen lila Golf III mit Pink-Floyd-Aufklebern, der innen und außen vor Dreck starrte. Wenn ich auf den Spuren von Prinz Marcus wandeln wollte, musste das anders werden.

Ich begann meine Selbstveredelung in der Autowaschanlage meiner örtlichen Shell-Tankstelle. Ich leistete mir sogar einen kleinen Speziallappen, um den Wagen abzutrocknen, und verbrachte Stunden damit, ihn zu polieren, bis der Lack heller als die Sonne strahlte. Ich ließ die Pink-Floyd-Aufkleber entfernen. Zwar hörte ich mein altes Ich flüstern, dass es cool war, ein schmuddeliges Auto zu fahren, doch ich hatte beschlossen, mir die Standards eines Prinz Marcus zuzulegen.

Eines sonnigen Samstagnachmittags am Prenzlauer Berg stand ich mit meinem Wagen an der Kreuzung, als mich jemand anhupte. Ich sah mich um. Neben mir stand Bernd, der Drehbuchschreiber, in einem *rosa* Golf, der vom Dreck des letzten Winters überzogen war. Bernd trug eine Sonnenbrille; er hatte sich seit Wochen nicht rasiert, aus seinem Mundwinkel hing eine Zigarette. Die alte Angst stieg in mir hoch – ich fühlte mich auf frischer Tat ertappt.

»Das ist ein Pink Floyd, oder?«, rief er. »Was ist mit den Aufklebern passiert? Und hast du die Karre … *poliert?*«

»Ja«, sagte ich und spürte, dass es die falsche Antwort war.

»Mannomann, bist du ein alter Spießer«, rief Bernd im Weiterfahren. Ich war verwirrt, wie immer. Ich wusste, wenn ich nach Hause kam und mir das Wort erklären ließ, würde ich frustriert und/oder beleidigt sein.

Ich schob es auf bis nach dem Abendessen. Dann, bei einem Glas Wein, lehnte ich mich zurück, nahm all meinen Mut zusammen und fragte FvD, was ein »Spießer« war. Natürlich musste ich ihr die Geschichte von Bernd und dem Wagen erzählen.

»Na ja, er hat ja irgendwie recht. Versteh mich nicht falsch – aber irgendwie entwickelst du dich gerade zu einem Korinthenkacker …«

»Wie? Was habe ich *getan*?«

»Also. Als wir uns kennenlernten, hast du dir selbst die Haare geschnitten und in deiner Wohnung Staubmäuse gezüchtet. Jetzt räumst du hinter mir her und polierst den Wagen. Fällt dir ein Unterschied auf?«

»Na ja, ich bin sauberer geworden. Ist das so schlimm?«

»Ich habe das Gefühl, du tust es, weil du Angst davor hast, was die Leute sagen. Das ist der Unterschied. Das ist spießig.«

»Sind meine Eltern spießig?«

»Nein. Ihr Haus ist unordentlich, und sie waschen ihren Wagen nicht.«

»Meine Eltern sind also cooler als ich?«

»In gewisser Weise, ja.«

»Ist die Stiftung Warentest spießig?«

»Das kannst du dir selbst beantworten.«

Für das Wort »Spießer« gibt es in der amerikanischen Gesellschaft keine Entsprechung. *Petit bourgeois*, Kleinbürger, ist ein nettes französisches Lehnwort, das sowohl eine Weltsicht als auch einen Platz in der Gesellschaft impliziert. Auf Englisch kann man »uncool« oder »verklemmt« sein, doch das bezieht sich jeweils mehr auf den Kleidungsstil beziehungsweise die Bereitschaft, Drogen zu nehmen oder Sex zu haben. Trotzdem bekam ich langsam eine Ahnung, dass ich anscheinend angefangen hatte, von allem ein bisschen zu sein.

Mein Selbstbild musste weiter Schläge aus verschiedenen Richtungen einstecken. Als ich eine Altbauwohnung erwähnte, in die wir umziehen wollten, sagte Ulrike, renovierte Altbauwohnungen seien *spießig*. Kombis waren *spießig*. Nur etwas Schmuddeliges und total Verwahrlostes konnte, wie ich zu verstehen begann, das Heim oder das Auto eines Nicht-Spießers sein.

Mein Problem dabei war, wie ich später feststellte, dass ich meine Richtlinie aus den Augen verloren hatte: Was würde Prinz Marcus tun? Ich war überzeugt, dass es ihn nicht die Bohne interessiert hätte, was andere Leute von Altbauwohnungen hielten, falls er in einer gewohnt hätte. Und seine Rolls-Royce blitzten in der Sonne. Ich sollte den Kopf hoch halten – und die Augen offen nach der nächsten Chance, adoptiert zu werden. In der Zwischenzeit würde ich einen sauberen Golf fahren, Spießer hin oder her.

»Nichts beeindruckt die kleinen Leute mehr als ein toller Wagen.« Ich hatte gerade den ersten Satz eines Artikels über das neue Ferrari-Cabrio getippt, einen Wagen, den ich wahrscheinlich nie mit eigenen Augen sehen würde. Während ich über den nächsten Satz nachdachte, spürte ich plötzlich eine atmosphärische Veränderung, eine summende Spannung, die sich in der Redaktion von *Modern Luxe* ausbreitete.

»Hat jemand Lust, drei Tage mit einem neuen Rolls-Royce herumzufahren?«

Maroush stand an meinem Schreibtisch und stellte eine Frage in den Raum, die in jedem normalen Universum die Mitarbeiter eines Luxusmagazins hätte Kopf stehen lassen. Doch keiner hob auch nur den Kopf. Meine Kollegen waren entweder zu verkatert von einer langen Nacht in den Clubs oder zu cool, um zuzugeben, dass ein großes schickes Auto etwas Aufregendes war. Ich sprang aus dem Sitz und meldete mich freiwillig. Die Idee, am Steuer eines Rolls-Royce zu sitzen und drei Tage lang die gleichen Sinneseindrücke zu erleben wie der Prinz, war fast zu schön, um wahr zu sein.

»Okay, aber du musst dir eine Story dazu ausdenken«, sagte Maroush.

»Du kannst ja zelten gehen«, sagte Karl, ein Grafikdesigner, sarkastisch. Plötzlich sah ich ungeahnte Möglichkeiten: Ich würde am Steuer eines Wagens, der eines Prinz Marcus würdig war, die Felder der DDR durchpflügen, die verlorenen Ländereien meiner Frau besichtigen und mich dem Volk präsentieren. Natürlich würde ich im Wagen übernachten: Kein Hotel der Welt konnte es mit einem Rolls-Royce aufnehmen. Maroush lächelte mich geheimnisvoll an, als ich mit unverhohlener Begeisterung rief, ja, ich würde mit dem Rolls-Royce zelten gehen.

»Du weißt, dass der Wagen 390 000 Euro wert ist?«, sagte er.

»Ja, klar«, sagte ich. Hätte es Prinz Marcus gekümmert? Er hatte ein Dutzend davon. Geld spielte keine Rolle.

Und so tauchte eine Woche später ein Rolls-Royce Phantom vor der Redaktion auf, der in einem versiegelten Container auf der Pritsche eines riesigen Lastwagens geliefert wurde. Die gesamte Redaktion war auf der Straße versammelt und sah zu, wie er abgeladen wurde. Er sah aus wie ein Fahrzeug aus einem Dick-Tracy-Cartoon, ein weinrotes Ungetüm mit einem Kühlergrill, der aussah, als könnte er einen Löwen verschlucken. Mir lief das Wasser im Mund zusammen. Ich hatte meine Tasche für ein Wochenende gepackt; ein Fotograf, seine Assistentin und ich würden im nordöstlichen Zipfel Deutschlands herumfahren, an der polnischen Grenze entlang, und in freier Natur übernachten. Die Zeit für meine preußische Rache war gekommen – vielleicht konnte ich den Fotografen und seine Assistentin überreden, mich Graf Martin zu nennen, nur für dieses Wochenende.

Als wir an der Redaktion von *Modern Luxe* losfuhren, war der Wagen voll beladen mit Campingausrüstung und Fotozubehör. Ich fischte das Handy heraus und rief FvD an, die Unter den Linden bei ihrem Sender arbeitete. Ich fragte, ob sie mit uns eine Runde drehen wollte oder wenigstens rauskommen und sich den Wagen ansehen, wenn ich bei ihr vorbeifuhr.

»Nein danke«, sagte sie in einem Ton, der besser einem verwöhnten Teenager angestanden hätte, dem man einen Besuch im Puppentheater vorschlug. »Ich bin heute Nachmittag ziemlich im Stress.«

Ich bettelte; sie blieb hart. Es wäre schneller gegangen, wenn sie einfach rausgekommen wäre und sich den Wagen angesehen hätte, statt sich mit mir am Telefon zehn Minuten darüber zu streiten; doch sie gab nicht nach. Fritz, der Fotograf, ein dürrer Kerl mit krausem Haar und einer nöligen Piepsstimme, und seine Assistentin, eine stille Zwanzigjährige namens Michaela, die bei *Modern Luxe* jobbte, saßen auf dem Rücksitz und drückten Knöpfe. Normalerweise wäre mir die Dynamik der Situation nicht entgangen – sie saßen beide auf dem Rücksitz, was mich irgendwie zu ihrem Chauffeur machte –, doch in der Aufregung achtete ich nicht darauf.

Niemand beachtete uns, während wir durch Berlin fuhren. Ich konnte es nicht fassen: Die Bürgersteige waren voll mit nachmittäglichen Spaziergängern, Schulkindern und

Touristen. Doch die Leute wandten sich angewidert ab oder drehten demonstrativ den Kopf weg. Wir fuhren ein paarmal Unter den Linden auf und ab, doch niemand sah auf. Wie würde ich mich dem Volk präsentieren können, wenn das Volk nicht hinsah?

Dann fuhren wir auf die Autobahn. Bisher war der lila Golf der schnellste Wagen, den ich je gefahren hatte, und jetzt saß ich am Steuer eines Ungeheuers mit zwölf Zylindern, das mit unglaublichem Schub, aber völlig geräuschlos nach vorn schoss. Die Scheiben hatten doppelte Dicke; es war nur das Gemurmel von Fritz und Michaela auf dem Rücksitz zu hören. Doch ich beachtete sie gar nicht, sondern kostete meine Prinz-Marcus-Stunde aus, indem ich auf meinem weinroten Hengst durch die Steppen preschte, dem Sonnenuntergang entgegen. Ich trat aufs Gas und hatte einen 390 000-Euro-Rausch, als wir an den anderen Verkehrsteilnehmern vorbeischossen. Die Landschaft verschwamm, und auf dem Tacho sah ich, dass wir mit zweihundertzwanzig Sachen dahinrauschten, schneller als ich je gefahren war. Der Wagen fühlte sich an wie ein Schulbus mit Raketenantrieb; ich entschied, dass es auch in Prinz Marcus' Sinn gewesen wäre, ein bisschen Tempo wegzunehmen.

Als wir ein paar Kilometer vor Angermünde, nur wenige Hundert Meter von der polnischen Grenze entfernt, auf den Zeltplatz fuhren, keimten seltsame Heimatgefühle in mir auf. Vielleicht hatte das Gelände einst zum Besitz von FvDs Familie gehört, und hier war ich, im fürstlichen Wagen, um die Latifundien zu begutachten. Wir passierten ein windschiefes Tor und trugen uns für eine Nacht auf einer Liste in einer alten Betonhütte ein, die noch aus DDR-Zeiten stammte. Die Sonne ging gerade unter. Der Leiter des

Zeltplatzes war der Erste, dem der Wagen auffiel. Er starrte – und zwar nicht auf die freundlichste Art – das schnurrende Ungeheuer an, das im Leerlauf vor seinem Büro verharrte.

»Passt bloß auf«, sagte er, als wir den Papierkram erledigt hatten. »Der Platz hier ist nicht versichert.«

Wir fuhren durch ein Waldstück, das den Zeltplatz von der Straße abschirmte, und dann kamen wir an eine Lichtung, die auf der einen Seite von Bäumen und auf der anderen von einem See begrenzt wurde. Auf der Wiese standen mehrere Campingwagen und ein paar Zelte. Ein paar Rentner kamen über den staubigen Waldweg geschlendert, als wir uns nach einem angemessenen Standort umsahen. Auch die Rentner starrten den Rolls an. Ich lächelte gnädig und warf einen Blick in den Rückspiegel. Der Fotograf und die Assistentin lagen auf dem Champagnerkühlschrank, der die Sitze voneinander trennte, und knutschten. Sie hatten nicht mal gemerkt, dass wir die Autobahn verlassen hatten.

Sobald ich den Wagen geparkt hatte, stiegen Fritz und Michaela aus, bauten ihr Zelt auf und verschwanden darin, ohne ein Wort mit mir zu wechseln. Ich hatte mich gerne freiwillig dafür gemeldet, im Wagen zu übernachten. Als die Sonne untergegangen war, verriegelte ich die Türen und knipste das Leselicht an. Der Rolls war mein Schloss. Ich befand mich auf dem Land der Vorfahren. Das Volk war ergriffen und hielt Distanz. Ich knipste das Licht aus und versuchte zu schlafen.

Es war eine der längsten Nächte meines Lebens. Der Wagen gab keine Ruhe; sobald ich das Licht ausgemacht hatte, begann ein Summen und Klicken, während alle Programme, die tagsüber gearbeitet hatten, herunterfuhren, Systemprüfungen durchgeführt wurden oder sonst was passierte. Außerdem hatten sich Mücken eingeschlichen, die nervtötend sirrten. Doch das Schlimmste von allem war, dass man wegen der doppelt dicken Scheiben *absolut gar nichts* von draußen hörte. Möglicherweise versammelte sich das Landvolk im Dunkeln, um mich in meinem Wagen bei lebendigem Leib zu verbrennen, und ich bekam es nicht mit? Die Turteltauben im Zelt waren auch keine große Hilfe. Wenigstens würde ich wach sein – die Vordersitze ließen sich nicht kippen, und der Champagnerkühler verhinderte, dass man sich auf der Rückbank ausstrecken konnte.

Am nächsten Tag – im Morgengrauen musste ich schließlich doch eingeschlafen sein – weckte mich das Handy. Ich hatte eine SMS bekommen: »O_2 heißt sie willkommen in Polen«. Hatte jemand den Wagen bewegt, während ich schlief? Hatte FvDs Familie früher Land in Polen gehabt? Ich war völlig durcheinander.

Etwa hundert Meter von mir entfernt hatte sich eine Gruppe von Campern versammelt, obwohl die Sonne gerade erst aufging. Es sah aus, als diskutierten sie, wie genau sie mich lynchen wollten: in den See werfen, den Wagen anzünden oder mich am nächsten Baum aufknüpfen? Langsam setzten sie sich in Bewegung und kamen auf mich zu. Ich hatte den Finger am Zündschlüssel, bereit, den Motor anzulassen und mit rauchenden Reifen davonzubrausen. Falls ich vom Volk angegriffen wurde, würde ich Fritz und Michaela bedenkenlos zurücklassen. Doch als die Rentner näher kamen, entspannte ich mich. Sie hatten weder Heugabeln noch Campingmesser dabei, wirkten nicht blutrünstig und betrachteten mich eher mit Neugier als voll Hass.

Ich ließ die Scheibe herunter. »J-ja?«, sagte ich mit einer Stimme, die noch höher und trauriger klang als die von Fritz.

»So ’nen Wagen hab ich grad in ’ner Zeitschrift gesehen«, sagte ein Mann mit Feinrippunterhemd zu einem älteren Mann mit Walrossschnurrbart. »So einen hat Prinz Marcus.«

»Er hat sogar mehrere«, platzte ich glücklich heraus.

»Kennen Sie ihn?«, fragte der Mann im Unterhemd. Anscheinend hielt er mich tatsächlich für einen Adligen, doch er war offen und nett zu mir. Sie sahen eigentlich alle ganz friedlich und zutraulich aus.

»Na klar!«, rief ich und begann zu erzählen. Nach ein paar Minuten sah ich, wie das Zelt aufging. Der Fotograf und die Assistentin kamen heraus und rieben sich die Augen.

Dann schoss der Fotograf mein absolutes Lieblingsfoto: ich am Steuer eines Rolls-Royce, wie ich bei offenem Fenster Hof halte. Alle Augen sind auf mich gerichtet. Für einen flüchtigen Moment bin ich ein Prinz. Ein Spießerprinz, aber das sind die besten.

GESETZ UND ORDNUNG

Mein erster Zusammenstoß mit der Polizei ereignete sich an einem warmen, klaren Nachmittag im Herbst 2006. Ich fuhr mit dem Fahrrad bei Rot über die leere Kreuzung der Leipziger und der Friedrichstraße. Einen Augenblick später holte mich ein Polizist auf einem Motorrad ein und winkte mich an den Straßenrand. Der Helm verdeckte den Großteil seines Gesichts, doch sein Mund bewegte sich hektisch. Ich sah etwas Haut, die nach hohem Blutdruck aussah. Auf dem Bürgersteig erklärte er mir, soweit ich es mit meinem schlechten Deutsch verstand, dass er mir ein schweres Vergehen vorwarf. Ich machte mich aufs Schlimmste gefasst. In New York kann die harmloseste Begegnung mit der Polizei ganz schnell eskalieren: Man springt über das Drehkreuz der U-Bahn und teilt sich im Anschluss eine Woche lang mit einem Typen namens Vinny die Zelle. Man pinkelt auf die Straße, und plötzlich wird der Begriff »Hochsicherheitsgefängnis« zu etwas sehr Realem.

»Haben Sie die rote Ampel nicht gesehen?«

Ich sagte, doch, das hätte ich. Ich hätte nur nicht nachgedacht.

»Nicht über *was* nachgedacht?«

»Dass ich, äh, anhalten sollte.«

Warum, fragte er mich, hatte ich nicht ans Anhalten gedacht? Hatte ich die leiseste Vorstellung, was passierte, wenn das alle machen würden?

Erleichtert, dass die Unterhaltung eine philosophische

Wendung nahm, versuchte ich ihm das Höchstmaß an Respekt zu zollen, so wie man es bei der New Yorker Polizei tut.

»Natürlich, Sie haben vollkommen recht, dann hätten wir Anarchie«, sagte ich. »Es war ein Fehler, Sir.«

»Es war nicht nur ein Fehler. Es war mehr als das! Ein Fehler kann ein Versehen sein. Das hier war kein Versehen. Sie haben sich bewusst entschieden, bei Rot über die Ampel zu fahren. Was meinen Sie, wie der Verkehr funktionieren würde, wenn alle ...«

Langsam wurde mir klar, dass er mir nicht einmal einen Strafzettel geben wollte. Er wollte nur den Augenblick auskosten, seine Macht demonstrieren und mir einen langatmigen Vortrag halten. Ich entspannte mich; das Spektakel fing an, mir Spaß zu machen. Die Szene auf dem Bürgersteig gab mir endlich wieder das Gefühl, ein Gesetzloser zu sein.

Dies war ein notwendiges Korrektiv: In den letzten Monaten war ich immer mehr zu einem schweren Fall von Spießigkeit mutiert, und ich wusste es. Ich verließ mich bei meinen finanziellen Überlegungen nicht darauf, dass das Geld auf der Straße lag; ich hatte seit drei Jahren keine auch nur im Entferntesten illegale Substanz mehr konsumiert; ich war Mitglied eines Fitnessclubs, und zur Krönung planten wir Sommerferien in der Provence. Daher war die Tatsache, an einer von Berlins verkehrsreichsten Kreuzungen von der Polizei angehalten zu werden, ein glückliches Ereignis, umso mehr, da die Chance bestand, von jemandem gesehen zu werden, der mich kannte. Bernd würde mich nie wieder von oben herab behandeln.

Leider entließ mich der Bulle kurz darauf. Ich war frei. Niemand hatte mich gesehen.

Ich sah auf die Uhr. Ich kam zu spät zum Finanzamt, was mir eine weitere Predigt einbringen würde. Anscheinend war heute mein gesetzloser Tag. Deutschland war ein Paradies für Leichtverbrecher wie mich. Ich fragte mich, was sie mit verurteilten Terroristen machten – gab es Benimmkurse bei alten Damen? Mussten sie eine deutsche Version von *A Clockwork Orange* über sich ergehen lassen, sich endlosen Standpauken unterziehen und mit durch irgendeine schreckliche Vorrichtung weit aufgesperrten Augen Lehrfilme anschauen? Abu Ghuraib war nichts dagegen.

Aufgeregt rief ich FvD an, um ihr alles zu erzählen. »Eure Polizisten sind die besten«, sagte ich. »Sie wollen einfach nur reden. Ich habe das Gefühl, dass sie nur einsam sind.«

Sie seufzte nur.

»Ich habe beschlossen, dass ich doch eine kriminelle Laufbahn einschlagen will«, erklärte ich hoffnungsvoll. »Hier wird man sowieso nicht richtig bestraft.«

»Schön für dich, wenn du unsere Polizei so nett findest. Aber darf ich dich daran erinnern, dass ich deinetwegen die nächsten fünf Jahre ein Fahrtenbuch führen muss? Also sag mir nicht, wie toll es ist, ein deutscher Verbrecher zu sein. Irgendwer zahlt immer, und in deinem Fall bin ich das.«

»Tut mir leid, ich kann dich nicht hören, die Verbindung ist weg«, sagte ich und klappte das Telefon zu. Die aufkeimenden Schuldgefühle unterdrückte ich. Ja, es stimmte: Immer wenn einer von uns ins Auto stieg, mussten alle Einzelheiten der Fahrt in ein kleines Büchlein eingetragen werden. Die Polizei hatte schon um sechs Uhr morgens bei uns vor der Tür gestanden, um das Fahrtenbuch zu kontrollieren. Der Wagen war auf Verdachtsmomente hin abgeschleppt worden. Und alles nur, weil FvD sich weigerte, mich auszuliefern, nachdem der Polizeipräsident ihr ein Foto von mir geschickt hatte, wie ich ungebremst über eine rote Ampel raste.

Doch hier ging es um etwas, das wichtiger war als FvDs Bequemlichkeit. Hier ging es darum, meine Seele von der Spießigkeit freizukaufen!

Kriminalität der leichteren, opferlosen Sorte übte, seit ich ein Teenager war, einen nahezu ungesunden Reiz auf mich aus. Als Kind war ich ein sozial Geächteter gewesen; meine einzigen Freunde waren die Dicken mit den Drüsenproblemen. Dann, mit sechzehn, war ich auf eine mitternächtliche Randaletour gegangen, die mein Leben veränderte. Kurz vor Weihnachten war ich aus dem Fenster geklettert und hatte mich mit einem meiner dicken Kumpane getroffen; wir hängten ein Fahrrad in einen Baum, dekorierten andere Bäume mit Klopapier und warfen Eier auf einen Schneepflug. Zwei Stunden lang jagte uns die örtliche Polizei durch den frischen Schnee, bis sie unsere Fußspuren schließlich direkt zu unserem Versteck auf der Veranda meines Freundes führten. Als ich am Montag zur Schule kam, wurde ich zum ersten Mal in meinem Leben eingeladen, in der Cafeteria bei den coolen Rockern am Tisch zu sitzen, die die illegalen Partys organisierten und den ganzen Spaß hatten. Dank der Legenden, die sich um meine hirnlose kriminelle Heldentat rankten, schaffte ich es, ein paar Monate lang beliebt zu sein, bis alle die Geschichten zu oft gehört hatten und ich an den Tisch der Dicken zurückgeschickt wurde. Seit diesem Zeitpunkt war Kriminalität für mich untrennbar mit Partys, Beliebtheit und den guten Dingen im Leben verbunden.

In New York hatte ich mit angesehen, wie Freunde wegen politischer Demonstrationen oder illegalem Haschischkonsum in Mannschaftswagen abtransportiert wurden, und war aus Angst auf dem rechten Pfad geblieben. Doch ohne dass es mir bewusst war, hatte es mich immer gejuckt, meine kriminelle Natur auszuleben. Nach der gekonnten Begegnung mit dem Motorradbullen auf der Friedrichstraße freute ich mich schon auf die nächste Gelegenheit, asoziales Benehmen an den Tag zu legen, ohne die Konsequenzen tragen zu müssen. Noch ahnte ich nicht, dass es beim nächsten Mal nicht die offiziellen Bullen sein würden, die mich drankriegten. Ich war im Begriff, eine weitere zentrale Figur in der deutschen Mythologie kennenzulernen, die mir bis jetzt entgangen war: den Hobby-Bullen.

Wenige Tage später saß ich am Steuer und fuhr mit FvD und unserer Tochter über eine gefährliche Kreuzung in der Nähe der Neuen Nationalgalerie. In einem hektischen Multitasking-Moment versuchte ich, die Spur zu wechseln, während ich unserer einjährigen Tochter mit einer Hand die Schönheit des Mies-van-der-Rohe-Baus verdeutlichte und mit der anderen telefonierte. Dabei schnitt ich einen Wagen und wurde angehupt. Also tat ich das, was jeder Ex-New-Yorker in meiner Lage getan hätte: Ich streckte den Mittelfinger aus und hielt ihn dem hupenden Autofahrer hin. Doch als ich, immer noch mit erhobenem Finger, einen Blick in den Rückspiegel warf, sah ich, wie er (und es ist immer ein Er, gewöhnlich mit Bart und hinter dem Steuer eines Familienwagens) ein Handy hochhielt und ganz offensichtlich ein Foto machte. Ich hielt den Finger noch höher: Von mir aus konnte er sich das Bild ins Wohnzimmer hängen.

»Du Blödmann! Jetzt schickt er das Foto an die Polizei«, sagte FvD, die ebenfalls in den Rückspiegel sah.

»Ach, komm schon. Was soll die Polizei damit?«

»Es ist verboten, jemandem den Mittelfinger zu zeigen«, erklärte sie zu meinem Befremden. »Er hat alles, was er braucht: dich, dein Nummernschild, deinen Finger. Und du telefonierst dabei und fährst komplett ohne Hände. Du bist geliefert.«

»Ach, was werden die schon machen«, gab ich schwächlich zurück. »Ich habe mir schon von jedem einzelnen Bullen in dieser Stadt eine Predigt angehört. Was soll's.«

»Du wirst schon sehen, was die machen«, sagte FvD. Irgendwann, sagte sie, würde ein Brief vom Polizeipräsidenten kommen. Oder die Polizei würde mitten in der Nacht persönlich vorbeischauen. Oder sie schnappten mich von der Straße weg, setzten mich in ein Flugzeug und brachten mich in irgendein verstecktes Geheimgefängnis für Leute, die anderen in der Öffentlichkeit den Mittelfinger zeigten. Als ich meine Zukunft den Bach runtergehen sah – nie würde ich von einem Herrn von Bleyfuß adoptiert werden, nie würde ich den Weg zurück in mein spießiges Paradies finden, das ich so kurze Zeit bewohnt hatte –, stieg in mir Wut auf den Mann auf, der das Foto gemacht hatte. Mit nichts als einem Handy-Foto hatte er all mein Selbstvertrauen in Selbsthass verwandelt. Und jetzt sah er nicht mal mehr zu uns rüber, sondern bewunderte die Neue Nationalgalerie.

»Kann ich einen offenen Brief an die Zeitung schreiben?«, fragte ich FvD, als ich um die Ecke bog und meinen Verfolger davonfahren sah.

»Was willst du denn schreiben?«

»Dass die Leute nicht wegen privater Nichtigkeiten Fotos voneinander machen sollen.«

»Immerhin hast du ihm den Mittelfinger gezeigt«, sagte sie.

Ich konnte immer noch nicht fassen, dass so etwas verboten war. War es ein Verbrechen, »Leck mich am Arsch« zu sagen? Jemandem zu sagen, dass er müde oder dick aussah oder schlechte Arbeit leistete, war hier nicht verboten. Wo zogen die Deutschen die Grenze?

In den folgenden Tagen fing ich an, mich ständig umzublicken. Ich merkte, wie schlecht ich für eine kriminelle Karriere geeignet war: Es hatte nur eines kleinen Vorfalls bedurft, um mich vom schmunzelnden Standpaukenempfänger in ein zitterndes Häufchen Elend zu verwandeln. Der Polizeipräsident mochte sich Zeit lassen, aber irgendwann kriegte er mich. Auf dem Weg zur Arbeit war ich ein Nervenbündel; ich machte Vollbremsungen, sobald es gelb wurde, was jedes Mal eine vielstimmige Huptirade nach sich zog. Ich behielt den Finger unten. Selbst bei der Arbeit ging ich den Weg des geringsten Widerstands. Tatsächlich fiel den anderen auf, wie langweilig meine Artikel wurden.

Am Freitagabend fuhr ich nach Hause und war einfach nur erleichtert, frei und am Leben zu sein. Doch als ich gerade aussteigen wollte, hörte ich eine gellende, heisere Stimme.

»Sie sind gegen diesen Wagen gefahren! Vier Mal!«

Erschöpft kurbelte ich das Fenster hoch und stieg aus. Aus einem Erdgeschossfenster lehnte eine Frau um die sechzig, die ich schon manchmal in der Gegend gesehen hatte. Sie hatte die Ellbogen auf ein abgenutztes Kissen gestützt und hielt einen Block und ein Handy bereit. »Ich kann's bezeugen«, erklärte sie.

Ich hatte keine Ahnung, dass ich in einen zu bezeugenden Vorfall verwickelt war. In Amerika benutzte man die Stoßstange, um herauszufinden, wo die Begrenzungen des

Parkplatzes lagen. Bums – aha, da ist der Wagen hinter mir. Bums – aha, da ist der Wagen vor mir. Dafür, dachten wir, ist die Stoßstange da. In meiner übervorsichtigen Haltung hätte ich mich niemals absichtlich einer kriminellen Handlung schuldig gemacht.

»Wie bitte? Was können Sie bezeugen?«, fragte ich.

»Sie sind gegen zwei Wagen gefahren. Ich kann's bezeugen.«

Ihr Beharren auf dem Wort »bezeugen« verunsicherte mich. Im Sprachgebrauch des Englischen – und wahrscheinlich in den meisten Ländern außer Deutschland – bedeutete das, in einem seriösen Kontext, zum Beispiel im Gerichtssaal, über die guten oder bösen Taten eines Mitmenschen auszusagen. Banden ließen Leute umbringen, die als »Zeugen« gegen sie aussagen wollen. Es war eine geheiligte Aufgabe, die nicht auf die leichte Schulter genommen wurde. Wäre die Frau ein Post-Achtundsechziger-Hippie oder so etwas gewesen, hätte man sie für das Produkt einer wohlmeinenden Erziehung zur Wachsamkeit halten können, geboren aus dem Bedürfnis, dafür zu sorgen, dass so etwas wie der Holocaust nie wieder geschah. Aber wir waren mitten in Stasi-Land, und die Frau hatte dem Anschein nach nicht viel gemein mit westdeutschem Altachtundsechzigertum. Vielleicht war »Zeuge« die letzte Funktion, in der sie ihre furchterregende Überwachungskunst noch einsetzen konnte.

Dann tat sie, was die Götter ihr befahlen, um mein Schicksal zu besiegeln: Sie hielt das Handy hoch, kniff ein Auge zu und fotografierte mich.

Ich nahm die Post aus dem Briefkasten und rannte nach oben, um mich zu verkriechen und FvD vorzuheulen, wie alle auf mir herumtrampelten. Doch FvD war nicht da, und unter der Post fand ich einen Brief vom Berliner Polizeipräsidenten. Das war's: das Ticket für meinen Auslieferungsflug nach Khartum, mein Deportationsbescheid. Ich hatte gedacht, Deutschland sei das Land der harmlosen Standpauken, dabei war es in Wirklichkeit das Land der totalen Überwachung und Gedankenkontrolle, dessen Bürger – und besonders ich – durch blanken Terror regiert wurden.

Der Brief enthielt allerdings nur ein relativ durchschnittliches Foto von mir, auf dem ich aussah, als sabberte ich, während ich in Potsdam durch eine Radarfalle raste. Das war einerseits gut und andererseits schlecht. Der Mittelfinger-Vorfall hatte es offenbar noch nicht durch die langsam mahlenden Mühlen des Gesetzes geschafft, was mir zumindest einen Aufschub gab. Aber dafür hatte ich noch nicht einmal gewusst, dass ich noch etwas auf dem Kerbholz hatte. Ich gab auf. Mit seinem unendlichen Netz von Radarfallen, Ex-Stasi-Informanten und wütenden Motoristen, die alle mit Kameras bewaffnet waren, hatte Deutschland mich kleingekriegt. Die Kamera war das Mittel zur Macht. Doch während ich so leidend in der Wohnung auf und ab lief, kam mir die Idee, dass die Kamera auch meine Rettung sein könnte.

Für eine kriminelle Karriere waren meine Nerven wohl zu schwach, aber vielleicht konnte ich das Blatt wenden. Wenn andere Beweisfotos machen und Standpauken erteilen konnten, dann konnte ich das auch. Ich würde es ihnen zeigen.

Weil ich den Impuls, andere Leute zu bespitzeln oder ihnen Vorschriften zu machen, mein Leben lang unterdrückt hatte, kostete es mich zunächst ziemliche Überwindung. Aber man hatte mich so zusammengestaucht, dass ich jetzt selbst ein bisschen zurückstauchen musste. Ich würde gleich zu Hause anfangen, zur Übung sozusagen. Was bedeutete, dass FvD einmal mehr die Opferrolle einnehmen musste.

Bei einem Rundgang durch die Wohnung entdeckte ich gleich mein erstes Überwachungsobjekt, das mir als *casus belli* dienen würde. Es war das Katzenklo, das seit Tagen nicht gereinigt worden war und einen schrecklichen Anblick bot. Ich machte ein Foto, dann noch eins, versuchte es aus verschiedenen Winkeln. Erst als der Speicher voll war, wusste ich, dass ich genug Beweismaterial gesammelt hatte.

Als FvD zur Tür hereinkam, legte ich los.

»Riechst du was?«

»Was denn? Stimmt was nicht?«

»Nein, alles in Ordnung. Ich wollte nur wissen, ob du was riechst.«

»Nichts Besonderes.«

»Aha! Und du denkst, dann ist es okay.«

»Wovon zum Teufel redest du?«

»Hier *stinkt es*!«, schrie ich. Ich ging ganz in meiner neuen Rolle auf. »Schau dir das an!« Triumphierend hielt ich das Handy hoch und zeigte ihr das grobkörnige Bild eines vollgekackten Katzenklos auf dem Display. »Und du merkst es nicht mal. Immer mache ich das Katzenklo sauber. Und wenn ich es *einmal* vergesse, hilfst du mir dann? Was, glaubst du, würde passieren, wenn keiner das Katzenklo sauber machen würde? Und deutsche Katzenstreu ist fürchterlich! Sie stinkt viel mehr als in Amerika und kostet ein Vermögen!«

FvD: »Zeigst du mir wirklich gerade ein Foto von Katzenscheiße auf deinem Handy? Willst du dich wirklich mit mir über die Qualität von deutscher Katzenstreu streiten?«

»Du hast mir beigebracht zu diskutieren! Ist dir alles egal? Das ist der Gipfel des Zynismus!«

FvD hatte ihren Mantel ausgezogen und funkelte mich mit wachsender Feindseligkeit an. Ich hatte mit einem schnellen Rückzug gerechnet, der sofortigen Unterwerfung unter meine Logik. Doch sie sah eher so aus, als wollte sie mich schlagen.

»Hast du was genommen?«, fragte sie. »Dann hoffe ich, es gibt ein Mittel, das dich wieder runterbringt.« Sie drehte sich auf dem Absatz um, ging ins Schlafzimmer und schlug die Tür hinter sich zu.

Ich überdachte die Lage. Sie hatte kein Geständnis abgelegt, aber sie war geflüchtet, was in unserer wechselvollen Streitgeschichte noch nie vorgekommen war. Meine Logik musste sie umgehauen haben. Dass sie den Rest des Tages kein Wort mit mir sprach, störte mich nicht weiter; mit einem starken Gefühl von Märtyrertum und Selbstgefälligkeit kümmerte ich mich um das Katzenklo. Es war ungeheuer befriedigend, den inneren Bullen rauszulassen.

Mein einziger Schwachpunkt war, das mit dem Foto hochgespielt zu haben. Das war ein Nebenkriegsschauplatz, ein katalytisches Element in meinem Coming-out, doch etwas, das ich hinter mir lassen konnte. Ich musste meinen Einfluss erweitern – ich würde das tun, was in der Natur des

Polizisten – und sei es auch nur des Hobby-Polizisten – liegt: diejenigen zu terrorisieren, die weniger Macht hatten als ich selbst. Deutsche Bullen verbreiteten ihren Terror hauptsächlich mit der Macht des Wortes statt mit der Dienstwaffe, und ich beschloss, es ihnen gleichzutun.

Ein paar Tage später in der Redaktion sah ich meine Gelegenheit. Bei einem englischen Autor hatten wir eine Geschichte über ein Autorennen in Le Mans 1963 bestellt, in dem das Ferrari-Team von Ford geschlagen worden war. Der Artikel war gut genug für *Modern Luxe*, doch plötzlich fühlte ich mich wie der Feuilleton-Chef der *F.A.S.* oder der Textredakteur des *New Yorker*: Die Story hatte ein paar schwache Übergänge, Kleinigkeiten, die ich als Redakteur selbst in Ordnung hätte bringen sollen. Doch als ich die Telefonnummer des Autors am Ende seiner E-Mail sah, griff ich stattdessen zum Hörer.

»Richard«, begann ich mit unheilschwerer Stimme, als er dranging. »Hier spricht Ihr Redakteur.«

»Wer?«

»Ralph, Ihr Redakteur bei *Modern Luxe*. Sie wissen schon, Sie haben für uns über Le Mans geschrieben.«

»Ach, ja. Tut mir leid. Alles in Ordnung?«

»*Nichts* ist in Ordnung! Erinnern Sie sich an den Übergang nach dem dritten Absatz? Total schlampig. Dachten Sie, bei uns geht das durch?«

»Nein, das war keine Absicht. Hören Sie ...«

»Sie haben sich gedacht, Sie schicken uns eine miserable Story, und das fällt schon keinem auf. Aber es ist uns aufgefallen. Mir ist es aufgefallen. Wenn jeder so schreiben würde wie Sie, würde unsere Zeitschriftenkultur, ja die ganze Presse vor die Hunde gehen ...«

Er wies mich darauf hin, dass *Modern Luxe* nichts weiter als ein Kreditkartenmagazin war und dass er für seinen Text gerade mal 300 Euro bekommen hatte, was wirklich nicht viel war. Was erwartete ich denn, ein Stück erstklassigen Enthüllungsjournalismus?

Doch ich hielt ihm die Standardstandpauke, die ich inzwischen so gut kannte: Wie, dachte er, würde die Gesellschaft funktionieren, wenn es alle so machten? Schrieb er seine Geschichten immer so schlampig? Und wie konnte man so zynisch sein?

Am Ende hatte ich den vagen Verdacht, dass ich vielleicht zu weit gegangen war, aber ich wartete immer noch darauf, die magische Formel zu hören, die die Sache beenden würde.

»Hören Sie«, sagte ich, »es ist ja nicht das Ende der Welt. Versprechen Sie mir einfach, dass Sie sich beim nächsten Mal mehr Mühe geben werden.«

»Für Sie schreibe ich nie wieder«, sagte er.

In meinem Schock drückte ich mir den Hörer noch ein paar Minuten ans Ohr. Dann fiel mein Blick auf die Uhr. Ich hatte den freien Autor vierzig Minuten lang angeschrien. Das wenigstens war ein Fortschritt: Ich hatte Durchhaltevermögen. Ich ließ mich nicht so leicht abschütteln.

Nach einem Frühling, in dem ich mich ausgiebig in der Kunst des Stauchens geschult hatte, flog ich nach New York zur Hochzeit einer Freundin. Ich fühlte mich wie ein christlicher Missionar: In Deutschland, wo alle das Gesetz durchsetzen wollten, war es einfach, den Bullen rauszulassen. Doch die wahre Herausforderung wartete dort, wo es echte Kriminelle gab – in Brooklyn.

Mit beschwingten Schritten lief ich in New York durch den Flughafen. Ich hatte der Stewardess, die mir zuhören *musste*, eine Standpauke darüber gehalten, wie unverschämt es war, auf einem achtstündigen Flug fünf Euro für Bier und Wein zu verlangen – war Bier wirklich so viel mehr wert als Coca-Cola, die es im Flugzeug umsonst gab? Nach was für Prinzipien wurden die Preise gemacht? Bildeten sie sich ein, dass es keinem auffiel? Sie versprach zwar nicht, es nie wieder zu tun, aber immerhin entschuldigte sie sich. In ihrem Blick lag eine Mischung aus Abscheu und Angst.

Am Flughafen mietete ich einen Wagen. Doch auf der Fahrt nach Brooklyn kam meine Zuversicht ins Wanken. Anna wohnte in einer »gemischten« Gegend, was bedeutete, dass manche Häuser Millionen von Dollar kosteten, während andere aussahen, als würden sie jeden Moment zusammenfallen. Drogenhandel fand auf offener Straße statt, und Schießereien waren an der Tagesordnung.

Nach zwanzig Minuten Fahrt durch mehrere Viertel, wo Teenager in riesigen T-Shirts und weiten Hosen mitten am Tag auf der Straße herumhingen, wurde ich nervös. Als ich bei ihr klingelte, hatte ich meinen Plan, den inneren Bullen auf New York loszulassen, komplett vergessen.

Am nächsten Morgen, als ich auf der Treppe vor Annas Sandsteinhaus saß, beobachtete ich, wie ein alter Mercedes beim Parken meinem Mietwagen gefährlich nahe kam. Das verbeulte Relikt hatte ein paar Jahrzehnte auf dem Buckel, hing auf einer Seite schwer durch, und der Rückspiegel an der Beifahrerseite fehlte. Der Motor jaulte, als die Fahrerin plötzlich den Rückwärtsgang einlegte. Dann krachte das Monstrum gegen meinen Mietwagen. Die kleine Frau am Steuer schien nicht mal zu bemerken, dass sie mir gerade reingefahren war. Ich bereitete mich auf eine gute teutonische Standpauke vor. Sie griff nach ihrer Handtasche, rückte sich die Sonnenbrille zurecht und schien meine Anwesenheit auf dem Bordstein nicht einmal zu bemerken.

»Ist Ihnen klar, was Sie gerade getan haben?«, legte ich los, als sie ausstieg. Sie ignorierte mich weiter. »Sie sind gegen meinen Wagen gefahren.« Ich versuchte, sachlich zu klingen. »Vielleicht haben Sie es nicht mal gemerkt.«

Sie warf mir einen Blick zu, der sagte: Leg dich nicht mit mir an, Kleiner.

»Finden Sie es in Ordnung, dass Sie einfach gegen meinen Wagen fahren? Ist Ihnen das völlig egal?«, beharrte ich. »Ich lasse so was nicht durchgehen. Schauen wir uns den Wagen mal an. Wenn das alle so machen würden …«

Doch bevor ich weiterkam, hatte sie sich vor mir aufgebaut, das Gesicht wenige Zentimeter vor meinem. Da sie klein war, musste sie sich auf die Zehenspitzen stellen. Sie hatte die Sonnenbrille nicht abgenommen. Ihr Atem roch nach Mentholzigaretten.

»Halt. Die. Klappe«, sagte sie mit leiser Stimme, der ich anhörte, dass sie eine Menge Aggression auf Lager hatte. »Für so was. Ist heute. Der falsche Tag.«

Erschrocken wich ich einen Schritt zurück. Doch ich ließ mich nicht so leicht abwimmeln. »Wenn jeder einfach gegen andere Autos fahren würde, würde unsere Gesellschaft nicht funktionieren«, sagte ich mit weniger Überzeugung. »Was haben Sie sich bloß gedacht?«

»Ich schneid dir die verdammten Eier ab«, zischte die Frau, kramte in der Handtasche und kam auf mich zu. Im letzten Jahr waren in dieser Gegend zwei Morde geschehen, die nie aufgeklärt wurden. Alle machten die Drogendealer verantwortlich, doch jetzt war mir klar, wer der wahre Täter war: die kleine weiße rothaarige Frau mit dem alten Mercedes. Ich rannte die Treppe hinauf und floh ins Haus.

Man sollte meinen, ich hätte meine Lektion in kulturellem Relativismus gelernt. Deutschland ist so, und New York ist anders. In Deutschland diskutiert und belehrt man gern; in New York lässt man einander in Ruhe. In Deutschland redet man mit lauter Stimme; in New York trägt man Waffen. Aber ich hatte es immer noch nicht begriffen. Ich bildete mir ein, das Problem hätte mit der spezifischen Situation zu tun. Ich dachte: Ich muss mich einfach besser durchsetzen. Das nächste Mal werde ich hartnäckiger sein. Ich muss meine Angst überwinden und meinen moralischen Standpunkt verteidigen. Das ist meine Pflicht als adoptierter Deutscher.

Die Gelegenheit bot sich schon am nächsten Tag im Supermarkt, in der Schlange an der Kasse. Diesmal war die Umgebung frei von Bedrohungen: Es gab hauptsächlich Bioprodukte, und der Laden war teuer; die Kunden sahen alle aus, als kämen sie eben vom Yoga, mit guter Haltung, leuchtender Haut und teuren Haarschnitten. Von den Preisen wurde mir dagegen schwindelig: acht Dollar für Spinat, der aus Kalifornien eingeflogen war? Siebzig Dollar das Kilo für Schafskäse aus Vermont?

Dann fiel mir ein Teenager auf, der vor mir in der Schlange stand. Vor einer Minute hatte er noch nicht dort gestanden. Während ich meine Berechnungen anstellte, wie viel niedriger die Preise bei Aldi gewesen wären, hatte er sich einfach vorgedrängelt.

»Hey, du«, sagte ich zu dem pickeligen Jungen, der einen Karton Eier in der Hand hielt. »Glaubst du, ich würde es nicht merken? Stell dich gefälligst hinten an! Das hier ist mein Platz.«

»Sorry«, murmelte der Kleine und schlurfte auf die typische verdrießliche Teenagerart nach hinten.

»Warte, mein Freundchen«, rief ich. »So schnell kommst du mir nicht davon. Schlange stehen ist die Basis einer friedlichen gesellschaftlichen Koexistenz. Was meinst du, was passieren würde, wenn jeder einfach ...«

Während der Junge betreten auf den Boden starrte, hatten sich alle anderen in der Schlange – die Yoga-Mütter und Heute-wieder-eine-Million-verdient-Väter – entsetzt zu mir umgedreht. Ich versuchte, mit Blicken um Sympathie zu heischen: Konnten sie mir nicht helfen? Dem Jungen sagen, was die Uhr geschlagen hatte?

»Er hat doch nur einen Karton *Eier*«, sagte einer der Väter. »Einen Artikel. Das ist doch keine große Sache.«

»Was?«, rief ich so laut, wie ich mich traute. »Keine große Sache? Er hat eine grundlegende Regel des Zusammenlebens verletzt! Wer weiß, was als Nächstes kommt!« Ich redete mich in Rage. Doch alle, der Vater eingeschlossen, hatten den Blick abgewandt. Tatsächlich ignorierten sie mich kollektiv. Der Junge war verschwunden.

Ich kam mir wie ein frustrierter Marxist vor, der vom örtlichen Proletariat ignoriert wurde. Ich wollte an den inneren Polizisten dieser Leute appellieren, einen Global Player in unserer Psyche, aber anscheinend waren sie einfach zu gehemmt. Die Revolution musste offenbar woanders ansetzen – vielleicht sollte ich es mal in Ohio probieren.

FvD beherrschte den interkulturellen Spagat eindeutig besser als ich. Sie hatte Jahre in Amerika verbracht und Jahre in

Deutschland und hatte sich aus beiden Kulturen das herausgepickt, was für sie am besten funktionierte. Und sie wusste immer genau, wie sie sich wo zu verhalten hatte. Als ich am Abend nach ein paar Gläsern Wein, mit denen ich die Schrecken der letzten Tage wegzuspülen versuchte, mit ihr telefonierte, sagte sie, ich sollte mich beruhigen.

»Du musst dein inneres Gleichgewicht finden.«

»Aber was ist mit Offenheit?«, sagte ich. »Was ist mit Transparenz? Mit den Grundregeln der Gesellschaft?«

»Du bringst alles durcheinander«, sagte sie. »Das eine gehört zur *guten Seite.* Aber das mit dem inneren Polizisten ist die *dunkle Seite.*«

Ich aber hatte den Verdacht, dass das eine ohne das andere nicht zu haben war.

DER GOURMET-DEUTSCHE

Mein Freund Alan ist ein sehr hungriger Jude. Ich habe ihn immer um sein attraktives, dunkles, semitisches Aussehen beneidet – die fast schwarzen Locken, die dunklen Augen und seine knochige, schöne Nase. Doch wenn man den Blick weiter nach unten gleiten lässt, sieht man seinen schlanken Hals und die schmalen Schultern bocksbeutelartig in einen gewaltigen Schmerbauch übergehen, den er sich in jahrelanger Völlerei an Imbissbuden auf der ganzen Welt angefressen hat. Alan bezeichnete sich selbst als »fetten Dünnen« – einen von Natur aus schmal gebauten Menschen, der durch übermäßiges Essen eine Körperform erreicht hat, die in der Natur nicht vorkommt. Allerdings war das Phänomen bei Alan beruflich bedingt: Er war Restaurantkritiker, und seine Aufgabe bestand darin, essend die ganze Welt zu bereisen und jedes Lokal zu testen, dessen Kritik er irgendwo unterbringen konnte. Wenn es einen Traumjob gab, dann seinen.

Im Februar 2007 kündigte Alan an, dass er nach Berlin kommen würde, um einen Artikel über die Neue Deutsche Küche zu schreiben. Er lag damit im Trend: Deutschland war so plötzlich wie unerwartet zum Reiseziel von Gourmet-Reportern aus aller Welt geworden. Ein wahrer Regen von Michelin-Sternen war über Restaurants niedergegangen, von denen noch nie ein Ausländer gehört hatte, und nach Frankreich befand sich Deutschland inzwischen auf Platz zwei der Länder mit den meisten Spitzenrestaurants. Für mich kam diese Entwicklung völlig überraschend. Ich führte ein bescheidenes Leben, versuchte ausgewogen zu essen und vermied alles, was nach Prätention oder hohen Preisen roch. Doch als Alan mich bat, sein Reiseführer und Chauffeur zu sein, quer durch Deutschland für eine Woche, konnte ich nicht Nein sagen. Vielleicht würde es mir gelingen, mich in die Person zurückzuverwandeln, die ich vor dem Spießer gewesen war: in den alten Zeiten von 300-Dollar-Weinen zu Reis mit Käse.

»Netter Wagen«, sagte Alan am Flughafen, als er den lila Golf sah. »Ich habe gehört, dass es dir in Deutschland gut geht, aber ich hätte nicht gedacht, dass es dir *so* gut geht.« Ich war mir nicht sicher, ob er es ironisch meinte. »Ich sterbe vor Hunger«, erklärte er dann. »Bei Delta gab es nicht mal Bratwurst.« Ich verdrehte die Augen. Das mit der Bratwurst war eins dieser miesen Klischees der deutschen Küche. Wie sollte ich es ihm erklären?

»Halt mal hier an«, verlangte Alan gebieterisch, als wir an einer Wurstbude vorbeifuhren, einer kleinen Backsteinhütte an der Beusselstraße. Erst als ich ihn darauf hinwies, dass wir an einer Imbissstube mit eingeschmissenen Scheiben, in der weder Wirt noch Angestellte zu sehen waren, bestimmt keine Currywurst bekämen, ließ er sich zur Weiterfahrt überreden.

»In Berlin gibt es jede Menge gutes Essen«, sagte ich. »Verdirb dir nicht den Appetit.«

»Die Deutschen haben mein Volk verhungern lassen«, erwiderte er. »Jetzt gleiche ich die Rechung wieder aus.«

Wir ließen die Geisterbude hinter uns und schafften es gerade bis nach Wedding, bevor ich wieder anhalten musste, diesmal an einem Dickicht von Dönerständen.

»Welcher ist der beste?«, fragte Alan.

»Keine Ahnung. Wahrscheinlich sind alle gleich.«

»Das werden wir gleich sehen«, sagte Alan. Kurz darauf kam er mit drei Dönern zurück und begann, mir die Golfpolster mit weißer Soße vollzukleckern. Er hielt mir eins der dampfenden Päckchen hin, doch ich lehnte dankend ab.

»Komm schon, Mann. Der hier ist mit Huhn«, sagte er gekränkt.

»Hast du eine Ahnung, was für Fleisch die da reintun?«, erwiderte ich. »Vertrau einem Einheimischen: Von dem Zeug willst du nicht zu viel essen.«

»Doch, will ich«, sagte er. »Und ich will, dass du dir die nächsten Tage frei nimmst. Heute Abend machen wir einen Kochkurs bei einem Spitzenkoch namens Tom. Die Zeitschrift zahlt, aber ich arbeite verdeckt. Das Ganze läuft unter deinem Namen. Morgen gehen wir auf die Reise. Wir verschlingen Deutschland mit Haut und Haaren.«

Nach diesem anfänglichen Energieschub verschlechterte sich Alans Zustand zusehends. Den Nachmittag verbrachte er auf der Couch, flehte um Wasser und versank in Gammelfleischfieberträumen. Als der Abend näher rückte, versuchte ich ihn erfolglos für unseren Kochkurs zu mobilisieren.

»Geh du«, stöhnte er. »Sag, es tut mir leid. Ich bin unpässlich.«

In den vier Jahren, die ich hier lebte, hatte ich nicht viel über die deutsche Esskultur gelernt. Tom und die anderen seiner Art kannte ich nur aus den begeisterten Artikeln in der New York Times. Jenseits der Klischees von Bratwurst und Brezeln ist die Präsenz deutscher Küche in Amerika beschränkt. Wir haben den unvermeidlichen »deutschen« Kartoffelsalat und »deutschen« Schokoladenkuchen in jedem Diner in der Vitrine, doch das Zeug ist so reichhaltig, dass es nur Menschen bestellen, die ohnehin schon übergewichtig sind. Weißwurst, Currywurst und andere regionale Spezialitäten tauchen auf dem internationalen Radar gar nicht erst auf.

Was ich mitbekam, war, dass meine Generationsgenossen – von Ulrike und Stefan bis zu meinem Boss Maroush – kollektiv im Bio-Fieber waren. Trotz der Stasi-Zombies, die allenthalben auf den Fensterbänken lauerten, waren die drei Worte, die ich am Prenzlauer Berg am häufigsten hörte: »Ist das Bio?«, gewöhnlich aus dem Mund einer jungen Mutter, die einen Tausend-Euro-Kinderwagen schob. Ich hörte die Frage in Kiezmärkten, in Pizzerien und beim Grillen. Nach anfänglichem Misstrauen – Bio war teuer und bei Aldi unterrepräsentiert – stellte ich fest, dass ich schief angesehen wurde, wenn ich nicht Bio aß, und so beugte ich mich dem Gruppenzwang. Inzwischen war auch bei uns im Kühlschrank alles Bio, von den Eiern bis zum Mangopüree. In unserer Küche würde niemand mehr die Nase rümpfen. Es war eine neue Form der Spießigkeit. Eine erschreckend teure.

Auf der Fahrt zum Kochkurs machte ich mir Sorgen, wie Alans Körper die Gammelfleischvergiftung verarbeitete, die er anscheinend hatte. Andererseits hatte er schon jede Menge anderen Mist verdaut; er bezeichnete sich stolz als jüdischen Allesfresser, weil er alles verschlang, was nicht koscher war, um seinen freien Willen zu beweisen. Ich wünschte, er wäre mitgekommen: Den Kochkurs eines Starkochs ohne ihn zu besuchen fühlte sich an, wie ganz allein in die Höhle des Löwen zu spazieren.

Zufälligerweise fügte ich mich perfekt ein in die Schar der Eleven, die sich aus mehreren Paaren und ein paar einsam aussehenden Junggesellen um die fünfzig zusammensetzte: Wir alle waren nervös und zu schick angezogen, in Blazern und Kleidern und braunen Lederschuhen, als ob es nicht ums Kochen ging, sondern darum, dem berühmten Koch Respekt zollen. Und die Nervosität war berechtigt: Wir wurden in eine spiegelblanke Stahlküche geführt, wo Tom umstandslos zu einer Suada darauf ansetzte, wie der Rest der Welt Rindfleisch zubereitete.

»Wenn Sie Ihr Filet oder Ihren Braten außen braun und innen rot haben wollen«, sagte er, die quiekende Stimme voller Verachtung, »werfen Sie es eine Weile in den Ofen. Aber wenn Sie *Perfektion* wollen, schieben Sie es zwei Stunden bei genau 67° Celsius in den Ofen. Leider *haben* die meisten von Ihnen keinen Ofen wie diesen. Deswegen gehen Sie ins Restaurant. Hoffentlich in mein Restaurant, weil ich der Einzige bin, der ...«

Der ganze Abend verlief nach dem gleichen Muster: Ich zeige Ihnen, wie es gemacht wird; aber natürlich können Sie das zu Hause nicht, also muss ich es für Sie tun, und Sie bezahlen mir ein Vermögen dafür. Ich aber war tief beeindruckt. Tom schien von solcher Reinheit zu sein: nicht getrieben von dem spießigen Wunsch, seine Nachbarn durch Ordnung oder Gemütlichkeit zu beeindrucken, sondern allein vom Streben nach *Perfektion*, die er in jedem zweiten Satz beschwor. Er schien seine Nachbarn und uns, seine zahlenden Schüler, für beschränkte Kreaturen zu halten. Ausgerechnet in einer Küche hatte ich endlich die aristokratische Arroganz gefunden, die ich in Deutschland gesucht hatte. Ich spürte, wie sich die tektonischen Platten meiner neuen, sorgfältig konstruierten Spießeridentität verschoben: Hier stand ich und bewunderte einen Napoleon der

Küche, in einer Atmosphäre, in der Geld keine Rolle spielte. Ich musste aufpassen, dass ich mich nicht wieder in den Verschwender verwandelte, als der ich in Deutschland angekommen war.

»Ach!«, schrie der Meisterkoch, als ich in ein Stück glänzenden Königslachs schnitt. »Sie haben ihn ruiniert!« Verächtlich betrachtete er das verstümmelte Häufchen oranges Fischfleisch. »Schlampige Messerarbeit ist in Ordnung«, sagte er dann mit einer sarkastischen Verbeugung, »solange Sie keine *Perfektion* wollen.« Doch ich war nicht der einzige Verstümmler; nachdem wir alle gründlich versagt hatten, durften wir die Messer nicht mehr anfassen – und auch sonst nichts. Tom und sein Team übernahmen, kochten den Fisch und bereiteten Soßen zu, die keiner von uns Sterblichen zustande gebracht hätte. Als wir später die Früchte des Unterrichts verspeisten, schmeckten sie natürlich überirdisch. Aber ich hätte nicht sagen können, was ich gelernt hatte, außer dass *Perfektion* das einzige Ziel im Leben war, das anzustreben sich lohnte. Es war ein ungewöhnlicher Kochkurs.

Als ich nach Hause kam, wachte Alan gerade auf. »Mann, hab ich Hunger«, sagte er mit rot unterlaufenen Augen. »Ich brauche einen Kartoffelpuffer.«

»Wir haben morgen einen großen Tag vor uns, hast du gesagt ... Vielleicht sollten wir einfach ....«

»Wie war der Kochkurs?«, unterbrach er mich, während er sich die Schuhe anzog. Er war nicht aufzuhalten.

Ich erzählte ihm alles. »Willst du jetzt immer noch rausgehen und dich mit Junkfood vollstopfen?«

»Das Tier will gefüttert werden«, sagte er. »Du nennst es Junkfood, ich nenne es Perfektion.« Dieser Satz würde mich nicht mehr loslassen.

Bevor wir am nächsten Tag auf die Autobahn fuhren, mussten wir noch bei der Gräfin vorbei, um ein paar Bücher bei ihr abzuliefern. Es wurde eine Einladung zum Mittagessen daraus. Die Gräfin, ihr Mann und ein paar kultiviert wirkende Gäste um die sechzig saßen schon an der langen Mahagonitafel. Die Hausherrin hatte das gute Geschirr herausgeholt. Es war ein einschüchternder Anblick.

»Nein, danke, wir sind gerade auf dem –«, hob ich an.

»Es ist uns eine große Freude«, unterbrach mich Alan und drängte sich an mir vorbei.

Während des Mittagessens zwang Alan die versammelte Gesellschaft auf Englisch durch ein Gespräch über seine Tätigkeit, die die Anwesenden gleichzeitig interessant und etwas skandalös zu finden schienen. Wenigstens brachte er das Thema nicht auf den Zweiten Weltkrieg wie mein Vater; dafür schlang er das Essen bergeweise in sich hinein. Und wie meine Mutter machte er den Fehler, die Küche zu loben.

»Wo bekommen man diese – wie heißen sie – Maultassen? Die sind köstlich«, sagte er mit vollem Mund.

»Ach, das ist nur eine Kleinigkeit von …«

»Aldi«, beendete ich den Satz. »Frag lieber nicht weiter«, flüsterte ich Alan zu.

Um das Thema zu wechseln, erzählte ich von meinem Kochkurs. Ich gab eine Imitation von Tom zum Besten und ahmte begeistert seine quiekende Stimme nach, wenn er sagte: »Aber nur wenn Sie *Perfektion* wollen.« Als ich fertig war, herrschte betretenes Schweigen.

»Unglaublich, diese Leute«, sagte die Gräfin mit einem schweren Silbermesser in der Hand. »’45 sind wir fast verhungert. Diese Hysterie ums Essen ist so was von dekadent.«

»Na ja, er ist wohl im Osten aufgewachsen«, verteidigte ich ihn. Ich wollte an ihre liberale Seite appellieren. »Er ist jung. Stammt aus bescheidenen Verhältnissen. Kochen ist seine Leidenschaft.«

»Er sollte seine Leidenschaft lieber für wichtigere Dinge einsetzen«, antwortete die Gräfin.

Alan sah mich mit großen Augen an.

»Alter«, sagte er später im Auto, »diese Gräfin ist nicht ohne. Sie hat's dir ganz schön gezeigt. Und das Essen war ein Stück Wiedergutmachung für den Holocaust. Hast du gesehen, wie der alte Knochen hungrig in die Schüssel gestarrt hat, als ich mir den dritten Nachschlag von diesen … wie heißen die Dinger?«

»Maultaschen«, sagte ich, als ich auf den Autobahnzubringer fuhr.

Alan verschlief die Fahrt (drei Stunden Schneeregen bis Hamburg). Als wir nachmittags ankamen, fragte ich ihn nach dem Programm. Er erklärte, wir würden im Hotel Atlantic absteigen und in einem Lokal namens *Louis C. Jacob* irgendwo an der Elbe zu Abend essen.

Als wir mit dem lila Golf vor dem Atlantic vorfuhren, traute ich meinen Augen kaum: überall weiße Säulen und Stuck, wie in einem Kurhotel alter Schule. Mir lief ein Schauer über den Rücken, als meine alteuropäischen Fantasien wieder erwachten. Um die Form zu wahren, parkten wir den lila Golf ein paar Straßen weiter. Mein Glück begann zu schwinden, als ich am Empfang erfuhr, dass ich mit Alan das Bett teilen musste. In Berlin hatte ich die Schlafzimmertür meterdick verbarrikadiert, damit sein Schnarchen FvD und mich nicht die ganze Nacht wachhielt. Und bei dem toxischen Fraß, den er rund um die Uhr in sich reinstopfte, fürchtete ich, dass er die Luft verunreinigen würde, wenn nicht sogar die Laken.

Wir beschlossen, vor dem Abendessen einen Spaziergang durch die verregneten Hamburger Straßen zu machen. Alan genoss es, von Prostituierten angesprochen zu werden, weil er den Grandseigneur spielen und abwinken konnte. Ich war weniger abgebrüht. »Ich glaube, die fand mich echt gut«, sagte ich, als wir zum Hafen hinuntergingen. »Hast du gesehen, wie sie mich angelächelt hat? Sie wollte mich gar nicht mehr gehen lassen.«

»Du müsstest mein emotionales Rüstzeug als Jude haben, mein Freund«, sagte er. »Stell dir einfach vor, dass dir hier alle heimlich ans Leder wollen. Dann hörst du auf, die Dinge zu romantisieren.«

Aus irgendeinem Grund landeten wir in einem Lokal, das wie eine Fischerhütte dekoriert war, und ich sah zu, wie Alan ein Gericht verschlang, das als »Aalsuppe« auf der Karte stand.

»Ist das ein Pfirsich?«, fragte ich staunend, als er ein Stück Obst aus der Suppe schlürfte.

»Ja«, sagte er, »da ist Pfirsich drin oder Aprikose ... und jede Menge andere seltsame Dinge.« Dann brach er ab, und sein Gesicht wurde rot. Er beugte sich über den Tisch, und nach ein paar endlosen Sekunden schrecklicher Ungewissheit hustete er etwas heraus, das mir direkt ins Gesicht flog. Es war eine v-förmige Gräte.

»Aalgräten«, bemerkte er. »Wer hätte das gedacht?« Er schob den Teller weg und verkündete, dass wir ins Hotel zurück mussten. Es war Zeit für sein Verdauungsschläfchen.

Wieder ging es mit ihm rapide abwärts. »Du musst heute Abend meine Augen, meine Ohren und mein Magen sein«, ächzte er, als er sich aufs Bett legte. Unser Zimmer ging nach hinten raus, und statt auf die im Nebel liegende Alster blickten wir auf einen Luftschacht. Die Möbel stammten schätzungsweise aus dem Jahr 1967, mit verblasstem Blümchenteppichboden und angeschlagenen Schränken. »Ich schaffe es nicht. Die Aalgräte hat mir den Rest gegeben.«

»Warum musstest du auch eine Stunde, bevor wir ins schickste Restaurant der Stadt gehen, Aalsuppe essen?«

»Soll eine Hamburger Spezialität sein. Außerdem wären wir '45 fast verhungert«, sagte Alan und zog sich die Decke bis zum Kinn hoch.

Auf dem Weg zum Restaurant, wieder mal allein im Wagen, dachte ich darüber nach, dass ich viel Zeit zum Nachdenken hatte auf dieser Reise mit Alan. Jeden Tag verbrachte ich Stunden damit, irgendwohin zu fahren, während er sich von giftigen Zwischenmahlzeiten erholte. Ich konnte mich nicht beklagen: Vor mir lag die Elbchaussee, zur Linken der Fluss, zur Rechten ein vornehmer Hang mit weißen Villen. Alan durchlebte nur die beschleunigte Version dessen, was allen Amerikanern nach ihrer Ankunft in Deutschland widerfährt: Das Essen hier scheint so unglaublich billig, dass wir uns alle erst mal in Döner und Currywurst stürzen. Dann kommen die Bauchschmerzen und das Gelübde, nur noch Bio zu essen. Es ist alles so ideologisch und historisch aufgeladen. Die Vorliebe der Gräfin für Billigessen, weil »wir fast verhungert sind« – in jedem Bissen steckt einfach zu viel Geschichte. Und deutsche Geschichte ist eben einfach … anders. Auch im restlichen Europa waren die Menschen 1945 fast verhungert, aber nirgendwo sonst sind die älteren Leute so stolz darauf, sich von Discountlebensmitteln zu ernähren, oder glauben, dass Kartoffelsalat ein wichtiger Beitrag zur internationalen Küche ist. In Frankreich und Italien beschweren sich die Alten, dass die Jungen keinen Sinn für gutes Essen mehr haben, dass sie immer in Eile sind und sich von Fastfood ernähren. In Deutschland ist es umgekehrt: Die Yuppies vom Prenzlauer Berg verlangen Bio, während ihre Eltern in Göttingen und Darmstadt einmal in der Woche zum örtlichen Penny-Markt fahren. Kurz gesagt, deutsches Essen war in soziologischer Hinsicht gefährliches Terrain. Und derlei Gedanken halfen mir nicht gerade, den Mut für eine weitere einschüchternde Mahlzeit aufzubringen, als ich ein paar Straßen vor *Louis C. Jacob* den lila Golf abstellte.

Sobald ich die Halle aus poliertem Marmor betrat, war mir klar, dass Preis-Leistung heute Abend keine Rolle spielte; zum Glück hatte ich von Alan die Erlaubnis, alles zu bestellen, was ich wollte. Der Gastraum war mit Perserteppichen und antiken Möbeln ausgestattet. Ich bekam einen Tisch am Fenster mit Blick auf die Elbe und das Airbus-Werk auf der anderen Seite. Ich aß Kalbskopf, was immer das sein mochte, und Taube. Das waren Dinge, die man nicht bei Kaiser's bekam, dachte ich, also mussten sie gut sein. Und nach Reis mit Käse waren sie auf alle Fälle eine beachtliche Steigerung. Doch bei jedem Bissen hörte ich eine Stimme in meinem

Kopf: »Nur wenn Sie *Perfektion* wollen, nur wenn Sie *Perfektion* wollen, nur wenn Sie ...« Woher sollte ich wissen, ob es Perfektion war? Ich wusste nur, dass es besser war als zu verhungern wie 1945.

Am nächsten Tag rasten wir im lila Golf bis nach München durch. Ich litt an den Nachwirkungen der letzten Nacht, die ich größtenteils auf dem Badezimmerboden verbracht hatte, um Alan zu entkommen, der sich fiebrig im Bett herumwälzte. Der Junkfood-Kick, den ich mir an den ersten paar Autobahnraststätten holte, baute mich wieder etwas auf. Doch Alans Artikel schien nicht recht in Gang zu kommen, weil er sich nach jeder Mahlzeit erst einmal hinlegen musste und daher bis jetzt eigentlich nur Fastfood und Aal gegessen hatte. Und mein Urlaub kam mir schon nach zwei Tagen vor wie eine endlose Karussellfahrt durch schicke Restaurants und Kochkurse. Ich fühlte mich wie eine einsame Braut, die in den Flitterwochen merkt, dass ihr Mann cracksüchtig ist. Und immer, wenn sie mit ihm reden will, führt er verdächtige Telefonate. Alan und ich hatten kaum ein Wort gewechselt; ich wusste nicht mal, ob er eine Freundin hatte oder inzwischen schwul geworden war. Ich wusste nur, dass wir heute Abend in einem Lokal namens *Tantris* reserviert hatten, einem Münchner Edelschuppen, den Alan seiner Redaktion als Grande Dame der hohen deutschen Küche beschrieben hatte. Doch nach dem, was ich bis jetzt von Alans Durchhaltevermögen gesehen hatte, hatte ich meine Zweifel, ob wir es dorthin schafften.

»Wie ist München so?«, fragte er, als wir aus der sechsten oder siebten Raststätte schlenderten. »Ach, und kann es sein, dass sich dein Auto in meine Richtung neigt?«

Es stimmte, dass Alans Umfang in den letzten drei Tagen noch einmal sichtlich gewachsen zu sein schien. Sein Bauch wölbte sich unter dem T-Shirt hervor, und er musste sich die Jeans aufknöpfen, wenn er sich ins Auto setzte.

Doch mein wahrheitsliebendes deutsches Ich war von den Selbstzweifeln der letzten Zeit derart eingeschüchtert worden, dass ich mich darauf beschränkte, den leichten Teil seiner Fragen zu beantworten.

»München ist ... irgendwie prollig, aber auf die italienische Art«, sagte ich und versuchte wie ein Experte zu klingen. »Man sagt, es sei eigentlich eine norditalienische Stadt.«

»Sehr gut. Von Wurst und Kartoffelpuffern habe ich nämlich die Nase gestrichen voll.«

»Es zwingt dich ja niemand«, bemerkte ich, doch ich widerstand der Versuchung, ihm eine Standpauke zu halten. »Wenn du dich ein bisschen zurückhältst, können wir danach noch einen draufmachen. Bis jetzt habe ich vor allem Erfahrung darin, in Münchner Discos *nicht* reinzukommen.«

»Ach ja, da gibt es dieses *P1*, den Schuppen, in den P. Diddy geht, wenn er hier ist«, bemerkte Alan. Ich hätte nie gedacht, dass er schon mal davon gehört hatte.

»Na ja, es hat eine ziemlich harte Tür«, sagte ich resigniert.

»Keine Angst, als Jude kommt man überall rein. Das Land ist mir was schuldig.« Und damit schickte er sich an, ein Schläfchen zu machen.

An einem windigen Spätnachmittag saßen wir in einem Café hinter der Frauenkirche. Ich zeigte auf die rotgesichtigen Touristen und die etwas weniger stark vertretenen Loden tragenden Einheimischen, die um uns herumsaßen.

»Das ist was anderes als Hamburg oder Berlin, oder?«, sagte ich. »Und warte erst, bis du das Bier probiert hast.«

Als der Kellner kam, bestellte ich zwei Bier. Zu meiner Überraschung griff Alan nach der Karte und zeigte auf ein paar Gerichte. »Snacks«, sagte er zu mir, als der Kellner gegangen war.

»*Salzstangen* sind ein Snack«, entgegnete ich alarmiert. »In Deutschland kriegt man Schwierigkeiten, wenn man sich ins Unbekannte wagt.«

»Du hast gesagt, wir sind in Norditalien. Bei italienischem Essen kann man nichts falsch machen.«

Fünf Minuten später brachte der Kellner eine riesige Platte mit rosigen Innereien in Gelatine und Bratkartoffeln. Erschrocken setzte ich mich auf. »Was zum Teufel hast du da bestellt?«

»Sülze«, antwortete er. Er sprach sogar den Umlaut korrekt aus. »Klang irgendwie nett.«

Ich sah die Skepsis in seinem Blick, als er die rosa Platte untersuchte. Dann zuckte er mit den Schultern und riss den Rachen auf; man sah nur noch eine Gabel wirbeln und Zähne blitzen, und die Sülze war verschwunden. Doch als er das Gesicht vom Teller hob, wirkte er unglücklich und hatte einen Grünstich.

»Alter, du hast gesagt, das hier wäre Norditalien. Aber in Wirklichkeit ist es Osteuropa. Das ganze Land ernährt sich von seltsam eingelegten Schweineteilen und Bratkartoffeln und sauren Gurken. Eigentlich ist das jüdisches Essen. Aber ich bin nicht hergekommen, um meine Wurzeln zu suchen.«

»Wenn du dich jedes Mal bis oben hin vollstopfst, sobald du eine Speisekarte siehst, bist du selbst schuld, wenn du nur eine beschränkte Sicht der Dinge mitbekommst. Ich habe in letzter Zeit ziemlich gut gegessen.«

»Halt die Klappe. Wir müssen ins Hotel zurück. Und zwar schnell.«

»Nein, wir müssen ins *Tantris*«, widersprach ich. »Komm schon, es geht um deinen Artikel. Du musst wenigstens einmal in einem richtigen Restaurant gegessen haben.«

Eine halbe Stunde später saß Alan mit hängenden Schultern auf seinem Stuhl und sah sich an unserem Bestimmungsort um: makelloser brauner hochfloriger Teppichboden, oranges Plastikdekor, der Chic von 1973, so frisch und sauber, als hätten wir eine Zeitreise hinter uns.

»Schau dir die Mädels an«, sagte Alan. Er bot ein Bild des Jammers: ein zerstört aussehender, aufgedunsener Mann in den späten Dreißigern mit fettigem dunklem Haar und einer verschwitzten Stirnlocke, die ihm in die Stirn hing. In seinen Augen glänzte träge, traurige Gier, obwohl er schon fünf Mahlzeiten hinter sich hatte. Die »Mädels« waren eine Handvoll Frauen mit üppigen Dekolletés, die in etwa unser Alter hatten. Ihre Begleiter waren ausnahmslos ältere Herren in blauen Blazern mit grauem zurückgekämmtem Haar.

»Das sind die Arschlöcher, die hier essen«, sagte ich mit vom Alkohol schwerer Zunge.

»*Wir* sind die Arschlöcher, die hier essen«, entgegnete Alan. »Aber wir haben es uns verdient. Denk dran, '45 sind wir fast verhungert.«

Ich dachte noch über eine passende Antwort nach, als auch schon der erste Gang serviert wurde. Der Kellner fuchtelte mit dem Servierbesteck herum, dann verbeugte er sich und erklärte uns ausführlich, welcher besondere Sand die Bucht säumte, wo unser Schalentier – was immer es sein mochte – seine Jugend verbracht hatte. Das kleine krebsartige Etwas thronte auf einer Wolke aus Schaum und Sauce. Plötzlich fiel mir die Beleuchtung auf: Es war, als säßen wir im Rampenlicht, als wäre der Happen, den Alan und ich gleich zu uns nehmen würden, Teil einer Performance, einer wichtigen Aufführung, an die sich noch künftige Generationen erinnern würden. Es war eine weite Reise hierher, dachte ich zufrieden.

Glücklich hob ich das Glas kostenlosen Champagner und prostete Alan zu.

»Nimm nicht alles so bierernst«, sagte er. »Deine Schwiegermutter hat recht. Früher mussten sie essen, was sie am Leib hatten.«

Er lächelte. Ich ahnte, dass ich eine lange Nacht vor mir hatte.

Ich hatte mir immer einen Protegé gewünscht. Doch bisher war immer ich derjenige gewesen, der irgendwo neu war und herausfinden musste, was ihm dort nicht gefiel; und es war schwer, auf diese Art voranzukommen und schließlich jemandem als Vorbild zu dienen. Jetzt aber, nach fast fünf Jahren in Berlin, tauchte plötzlich jemand auf, der nach meinem Wissen dürstete und von mir alles über die Lebensweise in der deutschen Hauptstadt lernen wollte. Vielleicht war es ungewöhnlich, dass mein Protegé genauso alt war wie ich und vor fünfzehn Jahren mit mir zur Uni gegangen war; aber so eine Chance bekam man nur einmal im Leben.

Leider war mein Protegé ein zunehmend depressiver ehemaliger Restaurantkritiker namens Alan. Nach unserer Rundreise erklärte er, er habe keine Lust mehr, den Artikel zu schreiben, der den Ausschlag für unsere Reise gegeben hatte. Und trotz oder vielleicht auch wegen seiner Erfahrung mit Döner und Currywurst war er ein großer Fan von Berlin. Als er mich bat, bei uns wohnen zu dürfen, bis er wusste, »wie es weitergehen sollte«, war ich erschrocken und begeistert zugleich: Endlich konnte ich jemandem die Stadt auf meine persönliche Weise nahebringen.

Zu allem Überfluss erwies sich mein Protegé auch noch als höchst unwilliger Schüler. Nach unserer Reise weigerte sich Alan zwei Tage lang, sich von der Wohnzimmercouch wegzubewegen. Er hatte seine Klamotten, Bücher und Toilettenartikel um sich ausgebreitet, wodurch er wirkte wie eine Mischung aus Pascha und Obdachlosem, nur dass er einen riesigen Fernseher vor der Nase und die Fernbedienung in der Hand hatte.

»Hey«, sagte ich am zweiten Abend. »Steh auf. Hoch mit dem Hintern. Duschen und rasieren. Berlins legendäres Nachtleben wartet.«

Aber Alan zeigte nur auf den Fernseher und klopfte auf den Platz neben sich. Auf der Mattscheibe schwenkte die Kamera gerade über eine Menge älterer Paare, die in einem riesigen Barocktheater saßen. Als die Kamera näher heranzoomte, sah ich, dass die Paare Barockkostüme trugen; viele hatten bunte Perücken auf, und die Frauen waren nicht eben zurückhaltend mit ihren Dekolletés. Auf der Bühne wurde Trompete und Tuba gespielt. Als sich das Publikum beruhigte, marschierte eine Truppe Kinder ein, ebenfalls in Trachten aus dem 18. Jahrhundert, mit Kniebundhosen, Strumpfhosen und Schnallenschuhen und Dreispitzen auf dem Kopf, und führte ein Tanz- und Singstück auf.

»Was zum Teufel *ist* das?«, fragte Alan.

»Ach, das ist nur Karneval.« Ich versuchte ungerührt und wissend zu klingen. »Katholisches Brauchtum«, fügte ich hinzu, als erklärte dies das verrückte Benehmen und die seltsamen Hüte.

»O-kay«, sagte Alan, die zweite Silbe gedehnt. Er schaltete um. Im nächsten Programm räkelte sich eine Frau im Bikini auf einem Sessel in einem grell ausgeleuchteten Studio. Im Vordergrund war ein Buchstabenrätsel zu sehen. Von sieben Buchstaben fehlten drei: P O R_ _ _ E.

»Deutschlands bekanntester Sportwagenhersteller!«, sagte die Frau, die selbst mit Autobahngeschwindigkeit sprach. »Rate mit, ergänze die fehlenden Buchstaben und ruf mich an!« Sie begann, begeistert auf und ab zu hüpfen, und die Kamera zoomte auf ihre Brüste. Fünftausend Euro winkten dem, der die Frage richtig beantwortete. Ich fragte mich, wo der Haken sein konnte.

»Was hat sie gesagt?« Alan blinzelte die Buchstaben und den Haufen Geld an, der zu sehen war. Als ich übersetzte, war auch er begeistert. »Alter, wir müssen da anrufen!« Endlich war er aus seiner Lethargie erwacht. »Sogar ich weiß, dass es ›Porsche‹ heißt. Wieso ruft denn niemand an? Sind die alle bescheuert?«

Obwohl ich jetzt schon Angst hatte, was passieren würde, wenn FvD die Telefonrechnung sah, griff ich zum Hörer und wählte die Nummer, die eingeblendet wurde. Ich war zuversichtlich, dass ich selbst mit meinen beschränkten Deutschkenntnissen das Wort »Porsche« am Telefon verständlich diktieren konnte. Doch als mein Anruf durchgestellt wurde, war nicht das Mädchen im Bikini dran. Es war ein automatischer Anrufbeantworter, der mir erklärte, dass ich an einer Lotterie um die *Teilnahme* an dem Gewinnspiel teilnahm. Dann lief ein Countdown, der Applaus im Hintergrund wurde lauter, bis plötzlich eine weibliche Stimme zu hören war, die in einer grotesken Parodie von Mitgefühl sagte: »Nee, das hat diesmal leider nicht geklappt.« In der Zwischenzeit redete das Mädchen im Bikini immer schneller, während blinkende Lampen den »Hot Button« ankündigten. Alan lauerte wenige Zentimeter von meinem Ohr und versuchte mitzuhören. Als ich auflegte, wurde er wütend.

»Alter! Hast du etwa einfach aufgelegt?«

»Jeder Anruf kostet einen Euro. Es ist Beschiss«, sagte ich. »Man kommt nicht zu der Frau durch, sondern wird an einen Anrufbeantworter weitergeschaltet.«

»Ruf noch mal an.«

Ich rief noch mal an und stellte auf Lautsprecher. Als das Band mit dem lauter werdenden Applaus kam, sah ich die Hoffnung in Alans Augen. Sehnsüchtig starrte er das Telefon an. Doch es war wieder eine Niete.

»Lass mich mal anrufen«, sagte er. »Das Land ist mir was schuldig.«

»Und ich bin der Telefongesellschaft was schuldig«, entgegnete ich. Doch ich wählte noch einmal, insgeheim von der Hoffnung angesteckt, dass ich durchkäme, die magischen Buchstaben sagte und die fünftausend Euro einheimste. Als es diesmal tutete, horchte das Mädchen gleichzeitig auf. Im Hintergrund hörten wir ein Telefon klingeln. Dann griff sie nach einem altmodischen Bakelithörer und begann enthusiastisch hineinzusprechen. Alan boxte gegen meinen Arm. »Was sagt sie?«, zischte er. »Melde dich doch! Sag, wie du heißt!« Einen Moment lang versuchte ich, der Informationsdichte Herr zu werden, während der Fernseher und der Lautsprecher miteinander um die Aufmerksamkeit konkurrierten, doch dann verrieten mir der Lärm der Blaskapelle aus dem Lautsprecher und die Handlung auf dem Bildschirm, dass wir wieder rausgeflogen waren.

Ich legte auf, und wir sahen zu, wie ein Anrufer namens Fabian verkündete, er habe die Lösung, die tatsächlich PORSCHE lautete. Glocken bimmelten, und die Moderatorin griff nach den Geldscheinen und warf sie durchs Studio wie Konfetti.

»Sie hat uns verarscht!«, rief Alan und sprang auf die Füße. »Die blöde Schlampe!« Während das Glockengebimmel auf der Mattscheibe den Sieg einläutete, war die Kamera an den Brüsten der Moderatorin kleben geblieben.

»Was macht ihr denn?«, fragte FvD, die mit verschränkten Armen in der Tür stand.

»Wir, äh ... wollten gerade gehen«, sagte ich und boxte Alan gegen den Arm, so fest ich konnte.

Als Alan die Schlange vor dem *White Trash* sah, ein Hipster nach dem anderen in schier endloser Prozession, brummte er vor sich hin und verlangte, dass wir weitergingen. Auf die gleiche Art waren bereits fünf Bars durchgefallen, die ich als Mentor vorgeschlagen hatte. Die Sache mit dem Protegé lief nicht so, wie ich gehofft hatte.

Schließlich standen wir vor einem Café, das in zwei Stockwerken eines Eckhauses an der Torstraße untergebracht war. Schon von draußen sahen wir Dutzende von Apple-Laptops auf den langen Tischen. Hinter jedem saß ein jung aussehender Mensch in ausgewaschenen braunschwarzen Klamotten. Fast alle trugen sie Architektenbrillen. Es war 23 Uhr am Freitagabend. Während ich mich an einen der hohen Tische setzte, schlenderte Alan umher und spähte den Leuten über die Schulter. Als er zurückkam, sagte er: »Sie schreiben alle an Drehbüchern. Und genau das werden wir auch tun.«

»Aber ich habe noch nie ein Drehbuch geschrieben.«

»Das ist Berlin, Dude – das neue Hollywood! *Das Leben der Anderen* ist mein Lieblingsfilm – ein deutscher Lieblingsfilm, für einen Juden will das schon was heißen. Wir sind mittendrin! Komm, wir machen es einfach. Zwei Wochen, und das Ding ist im Kasten.«

»Für das Drehbuch zu *Das Leben der Anderen* hat der Autor dreizehn Jahre gebraucht«, sagte ich. »Aber ich denke darüber nach.«

Ich hatte den Film nicht gesehen, auch wenn mich in New York jeder darauf ansprach. Es war ein wunder Punkt: Nicht nur, dass ich nicht an der boomenden Kinokultur Berlins teilnahm – ich hatte noch nicht einmal den großen Exportschlager gesehen.

»Na gut, wir schreiben einen Film, und dann kommt er in dreizehn Jahren raus«, sagte Alan. »Ist doch egal. Ich will in Berlin *leben*, solange ich hier bin, verstehst du? Ich will mit den Wölfen heulen ...«

Ich fühlte mich mal wieder wie ein alter Spießer. Alan hatte das Berliner Ethos sofort begriffen, während ich jahrelang nur die Nase gerümpft hatte. Einen Film schreiben! *Natürlich.*

Doch zwei Tage später wussten wir immer noch nicht, worum es in unserem Film überhaupt gehen sollte. Wir saßen im oberen Stock des Cafés und blickten auf die Torstraße hinunter. Ich hatte dafür gesorgt, dass wir so früh wie möglich das Haus verließen, damit FvD ihre Ruhe hatte – Alans Leben als Couch-Pascha wurde langsam zur Belastung. Im Wohnzimmer, das er übernommen hatte, sah es aus, als hätte eine Bombe eingeschlagen, und es begann zu stinken. Oft lief er nachts zwischen Klo und Kühlschrank hin und her, und die knarrenden Dielen weckten unsere kleine Tochter auf. Wenn es so weiterging, würde unsere Partnerschaft keine zwei Wochen mehr überstehen.

»Ich habe eine Idee«, sagte ich. »*Berlin Rosenthaler Platz.* Zwölf Stunden lang.«

»Klingt zu jüdisch.« Alan hatte den Mund voll Rührei mit Speck. »Lass dir was Besseres einfallen.«

Ich seufzte. »Ich brauche eine Pause«, sagte ich. »Ich geh ins Fitnessstudio.«

Alan starrte mich entgeistert an. »Berlin hat dich wirklich verändert«, sagte er. »Hast du früher nicht gesagt, ich soll dich einweisen lassen, wenn du je in ein Fitnessstudio gehst?«

»Ja, aber jetzt habe ich einen Job und ein Kind, und die sorgen dafür, dass ich nicht den Verstand verliere«, murmelte ich. Ich hatte vergessen, dass ich den Job gar nicht mehr hatte. Doch dann veränderte sich Alans Blick, und aus Missbilligung wurde Hoffnung.

»Darf ich mitkommen?«, fragte er.

Eineinhalb Stunden später, nach einer Currywursteinlage, waren wir bei *Holmes Place* am Gendarmenmarkt. Immer wenn ich einem Berliner sagte, in welchem Fitnessclub ich war, zogen sie die Brauen hoch und sagten etwas wie: »Ganz schön edel«, womit sie meinten, dass ich ein Snob war, weil ich Mitglied in einem Fitnessstudio war, das sich selbst als »Professionals' Club« bezeichnete. Sie hätten mal reingehen sollen: Immer wenn ich dort war, war *Holmes Place* von Müßiggängern und Arbeitslosen zwischen zwanzig und siebzig bevölkert. Am oberen Ende des Altersspektrums schienen Schönheits-OPs keine Seltenheit zu sein.

Als Alan und ich den großen verspiegelten Trainingsraum mit den Laufbändern und den anderen Geräten betraten, waren außer uns nur ein paar Frauen mit Pferdeschwänzen da und ein einsames junges Mädchen, das wie ein Model aussah und sich weinend auf einem Crosstrainer abstrampelte. Aber vor allem gab es Fernseher: Zehn Bildschirme hingen über den Maschinen, jeder war auf einen anderen Sender eingestellt. Alan stieg auf die Tretmühle, stellte die Schrittgeschwindigkeit ein und fing an zu glotzen.

Es lief Pro Sieben. Durch irgendeinen Zufall brachten sie immer, wenn ich herkam, die Vorher-, Während- und Nachher-Show einer Brustvergrößerung, jedes Mal mit einer anderen Frau. Zuerst ging sie zum Vorgespräch beim Arzt, in dessen Verlauf er auf ihren nackten Körper Kreise malte. Dann kam die Operation, die dankenswerterweise nicht mitgefilmt wurde. Als Nächstes sah man die arme Frau, wie sie labil und verwirrt aus der Narkose aufwachte, nur von einem Laken bedeckt. Nach ein paar Wochen wurde sie noch einmal in Begleitung ihrer Mutter gezeigt, wie sie glücklich den BH auszog und voller Begeisterung ihrer Mutter und dem Kameramann um den Hals fiel.

Als wir zurück in die Umkleidekabinen kamen, war Alan verschwitzt, aber begeistert.

»Wir schreiben ein Drehbuch über ein armes Berliner Mädchen, das sich die Brüste machen lässt«, sagte er. »Eine Aschenputtelgeschichte. Offenbar wollen die Leute so etwas sehen.«

»In zwei Wochen?«, fragte ich. Ich fand das Thema gelinde gesagt deprimierend. Doch Alan achtete nicht mehr auf mich. Er hatte ein Plakat vor der Umkleidekabine entdeckt, auf dem ein Paar an einem armseligen Rinnsal entlang durch ein matschiges Feld watet. Es sah aus wie irgendwo in Brandenburg. Das Motto auf dem Plakat hieß: »Blind Date in Kanada.«

»Heißt es das, wonach es aussieht?«, fragte er.

»Ja«, sagte ich und las das Kleingedruckte: die Teilnahmebedingungen eines Gewinnspiels, dessen Hauptgewinn eine transatlantische Campingreise für junge Singles mit einer Vorliebe für Abenteuerurlaube war. Zwischen dem Produktionsetat des Plakats und der atemraubenden Weite von

Bergen, Seen und sauberer Luft, die das Wort »Kanada« versprach, klaffte eine schmerzhafte Diskrepanz.

»Vergiss die Brust-OP«, sagte Alan. »*Das hier* ist unser Film.«

Auf dem Heimweg in der U-Bahn war Alan das erste Mal seit der Rateshow im Fernsehen wieder quicklebendig. Am Alexanderplatz stiegen wir aus der Bahn, und er sah sich die Massen mit den Strähnchen und der Sonnenbankbräune an, als wäre jeder Einzelne von ihnen unglaublich faszinierend. Wieder stieg Neid in mir auf – für mich waren die Berliner Eindrücke und Leute selbstverständlich, aber für Alan war alles neu, und alles war Futter für seine manisch-depressive Fantasie. In der Straßenbahn war er ganz vernarrt in ein Mädchen in einer cremefarbenen Bluse mit einer teuer aussehenden Frisur und jeder Menge hautfarbenem Make-up.

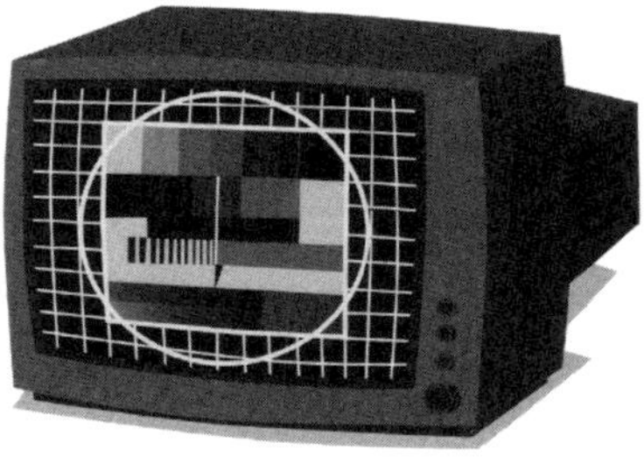

»Siehst du, darum geht es in unserem Film«, erklärte er laut. »Unsere Heldin ist eine junge aufstrebende Karrierefrau. Sie wohnt in einer trendigen Gegend, doch im Herzen weiß sie, dass sie eigentlich uncool ist. Sie ist eine totale Langweilerin.

Und deshalb muss sie an dieser Single-Reise nach Kanada teilnehmen, um einen Typen kennenzulernen.«

Ich versuchte ihn dazu zu bringen, leiser zu reden: Es konnte gut sein, dass sie Englisch verstand. Doch er ignorierte mich.

»Bevor du einen Film schreibst, musst du zuerst im Kopf die Rollen besetzen, verstehst du? Wen wollen wir in unserem Film sehen?«

Ich zuckte die Schultern. »In Deutschland gibt es keine Stars, wie wir sie in Amerika kennen«, erklärte ich vage. Wieder fühlte ich mich ertappt: Ich hatte mich nie für die deutsche Schauspielerszene interessiert. Konnte gut sein, dass es in Deutschland ein blühendes Ökosystem von Prominenten gab, das Amerika in den Schatten stellte.

»Wir brauchen ein Paar. Einen Mann und eine Frau«, sagte Alan. »Einer davon sollte deutsch sein. Okay, der *Mann* sollte Deutscher sein. Und das ist schon unser Film: Es gibt alle möglichen kulturellen Missverständnisse. Sie ist ehrgeizig, eine großstädtische Karrierefrau. Er spricht wie Schwarzenegger, hat aber ein Herz aus Gold. Wir müssen nur unsere Schauspieler finden, und zwar schnell.«

Alan schien es ernst zu meinen: Obwohl wir an vielen Dönerständen vorbeikamen, blieb er nicht stehen, sondern lief schneller denn je. Zu Hause angekommen, fragte er FvD über deutsche Schauspieler aus und versuchte, »unseren Film« zu besetzen. Er fand eine *Gala* auf dem Couchtisch und löcherte FvD, wer die Leute darin waren. Doch auch sie konnte uns nur äußerst spärliche Informationen zu den Prominenten in der Zeitschrift liefern.

»Wer ist diese Verona?«, fragte er. »Ist sie Schauspielerin? Für eine Deutsche sieht sie ziemlich dunkel aus. Und diese Veronica. Und Boris Becker. Ist der Schauspieler? Siehst du, in Deutschland gibt es jede Menge Stars.«

»Ich weiß nicht. Das sind doch nur ... Zeitschriften«, sagte FvD. »Die richtigen Schauspieler tauchen da nicht auf. Die sind viel zu ernsthaft.«

»Wer sind euer TomKat und Brangelina? O Mann, dieses Casting wird nicht einfach.« Alan knallte die Zeitschrift auf den Tisch. »Ich muss echte Gesichter sehen. Wo sind hier die berühmten Leute zu finden? Die Stars, die Schauspieler, in Fleisch und Blut?«

FvD rief bei einem Restaurant namens *Borchardt* an und reservierte einen Tisch, wobei sie das »von« in ihrem Nachnamen sehr deutlich aussprach. »Aber ihr seid auf euch allein gestellt«, warnte sie, als wir aufbrachen. Sie bedachte mich mit einem Blick: Alan war auf dem Höhepunkt einer manischen Phase.

Im *Borchardt* war es hell und laut. Der Gastraum hatte offene Blickachsen, damit die Promis einander sehen und zueinander rennen konnten, um sich Küsschen zu geben. Ich wusste nicht, ob die Leute, die ich sah, wirklich berühmt waren, aber sie hatten strahlende Haut und teure Klamotten, das Gegenteil des verlotterten Berliner Chics, den ich gewohnt war. Alan aß einen Hollywood-reifen Salat und rührte das blutige Steak, das daneben lag, kaum an. Mit Adleraugen sah er sich um. Endlich blieb sein Blick an einem kleinen Mann am Nebentisch hängen, der von einer Traube gemischten Partyvolks umgeben war. Der Mann, der Alans Aufmerksamkeit erregte, hatte kurzgeschorenes Haar, ein Gesicht wie ein Äffchen und wirkte, obwohl er ziemlich klein war, als hätte er das Selbstvertrauen eines Mister Universum.

»Wer ist das?«, fragte Alan. »*Das* ist unser Mann.«

»Til Schweiger«, antwortete ich, nachdem ich ein paar Sekunden lang mein mentales Namens- und Gesichtsregister durchgegangen war. Eine Welle von Promi-Nervosität stieg in mir auf – der Schauspieler am nächsten Tisch würde uns zwar keines Blickes würdigen, aber trotzdem: Saß mein Haar? Hatte ich Flusen auf der Jacke? Checkten uns die Frauen im Restaurant ab? Die Atmosphäre war aufgeladen von Tils Präsenz – wurden auch wir von seiner Aura umfangen?

»Wo hat er mitgespielt?«, fragte Alan. »In Amerika, meine ich.«

»Ich glaube, in irgendeinem Stallone-Streifen«, sagte ich. »Irgendwas mit Rennautos.«

Alan nickte weise, als hätte er genau auf diese Information gehofft. »Ganz klar unser Mann. Gehst du rüber? Erzähl ihm von unserem Pitch.«

Ich verschluckte mich. Dabei hatte ich Alan nicht mal erzählt, dass ich gehört hatte, Schweiger hätte einmal einen Film gedreht, der auf der Idee eines Taxifahrers basierte.

»Hier ist es ein bisschen stickig«, keuchte ich wenig überzeugend. »Und ich finde, wir sollten erst noch mal unsere Strategie durchgehen. Lass uns woanders hingehen, wo es ruhiger ist.«

»Na gut. Dann wenden wir uns an Tils Agenten, auch wenn ein persönliches Treffen netter gewesen wäre. Wo gibt es sonntagabends sonst noch Promis?«

FvD hatte uns geraten, einen Drink im neuen *Hotel de Rome* zu nehmen, weil dort die Bar angeblich voll von Stars war, die sich dort mit ihren Geliebten trafen. Wir ließen den lila Golf beim *Borchardt* stehen, ein Zwergengefährt zwischen all den elefantösen Range Rovers und Porsche Cayennes, und gingen zu Fuß zu dem Hotel, das einen großen gepflasterten Platz überblickte. Als wir die riesigen farbigen Urnen in der Lobby passierten, sah ich lauter Menschen, an die ich mich vage aus alten europäischen Filmen erinnerte. Alan packte mich am Arm.

»Er ist hier«, sagte er, als wir uns gerade an die dunkle Bar setzten.

»Wer?« Ich war etwas irritiert. Auch ich fühlte mich plötzlich wieder lebendig, und deshalb wollte ich mich hinsetzen und weitertrinken.

»Unser Mann. Til. Er ist gleich da drüben!«

Es war mir ein Rätsel, wie Alan irgendetwas sehen konnte – es war stockdunkel, die Sessel hatten riesige Lehnen, die Stoffe, die Fliesen, alles war schwarz. Doch er hatte recht, dort an einem Tisch saß Til mit seiner kleinen Entourage. Offenbar war er schon vor uns angekommen. »Er scheint die Rolle ja wirklich zu wollen«, sagte ich.

»Das muss ein Zeichen sein«, erklärte Alan. »Wenn wir das ignorieren, sind wir selbst schuld. Oder vielleicht ist *er* der Stalker. Du hast gesagt, die deutschen Filme spielen nicht viel ein. Vielleicht sind es hier die Stars, die ihre Fans stalken, um sie bei der Stange zu halten.«

In der nächsten Stunde versuchte Alan mich zu überreden, zu Herrn Schweiger hinüberzugehen. Ich hatte keine Entschuldigung mehr: Hier war es nicht stickig, und mir fiel keine Bar ein, die wir unbedingt noch sehen mussten. Stattdessen bettelte ich Alan an, die Sache eine Weile reifen zu lassen: Wir wussten ja nicht mal, worum es in unserem Film gehen sollte. Aber Alan hatte sich längst eine Handlung ausgedacht, während wir sprachen. Er hatte Deutschland schneller aufgesaugt, als ich es in fünf Jahren geschafft hatte, und klopfte es zu einer Hollywood-reifen Idee zusammen.

Ich kam mir alt, langweilig und spießig vor. Aber im Gegensatz zu Alan *lebte* ich hier, und ich hatte keine Lust, Grenzen zu übertreten und Filmstars in Bars damit zu nerven, dass sie in einem Film auftreten sollten, der noch nicht mal geschrieben war, von zwei Leuten, die noch nie ein Drehbuch geschrieben hatten.

»Wir müssen nur die Richtige für die weibliche Hauptrolle finden, dann passt alles«, sagte Alan zu sich selbst. »Mal sehen. Anne Hathaway, Gwyneth Paltrow, Christina Ricci ...« Allmählich schnappte er über. Ich überlegte, ob ich das Thema der Trennung von seiner Freundin anschneiden sollte, bevor er sich zu weit in seine Hollywood-Mythomanie hineinsteigerte. »Das ist die erste Garde. Dann hätten wir noch Kirsten Dunst, Blake Lively, äh, Claire Danes, Olivia Williams ...« Schweigend starrte ich das beleuchtete Flaschenregal über der Bar an und überlegte, wer das Zeug alles trinken sollte. Würde Alan aus seinem Traum je wieder aufwachen, oder würde er ihn weitertreiben, bis er im Irrenhaus landete? Als ich aufsah, war Til Schweiger verschwunden.

Als wir zu Hause ankamen, redete Alan immer noch von Til Schweigers Rolle, dem kernigen Schwarzwaldbuben mit der dunklen Vergangenheit, dessen Vater in Treblinka gearbeitet hatte, oder war es der Großvater gewesen, und die Heldin musste Jüdin sein, oder vielleicht war irgendwo in der Geschichte auch Nazigold versteckt. Leise schloss ich die Tür hinter ihm.

Im Schlafzimmer schlich ich um das Bett, um FvD nicht zu wecken und nicht zu viele Alkoholdämpfe zu verbreiten. Ich wusste, dass wir unseren Film begraben konnten. Meine Mentorschaft war vorüber, bevor sie überhaupt begonnen hatte. Wahrscheinlich wurde die Rolle des Mentors ohnehin überbewertet. Wozu war ein Protegé gut, wenn er zu viele eigene Ideen hatte? Das echte Deutschland war Alan völlig egal. Ihn interessierte es nur als das neue Hollywood.

Jeder Ort, über den die *New York Times* schreibt, klingt für Außenstehende zwangsläufig aufregend und glamourös. Aber ich hatte Alan das Deutschland gezeigt, das ich kannte, und bald würde er selbst merken, dass Berlin unter der Oberfläche des neuen Hollywood immer noch eine Stadt war, an die man sich gewöhnen musste. Es dauerte, bis man diese Stadt verstand, und noch länger dauerte es, bis man sie liebte.

DER WOHLFAHRTSKÖNIG

Noch bevor sie sprechen konnte, versuchte ich, meiner Tochter Lulu die Hierarchie der deutschen Auto-Coolness beizubringen. Der tägliche Gang zur Kita war ein perfektes Training, weil die Straßen am Prenzlauer Berg von Traumautos Berliner Art gesäumt wurden: von altehrwürdigen Mercedes-Cabrios, schrabbeligen Porsches, rostigen BMW-Coupés.

»Por-sche«, sagte ich und zeigte auf ein Exemplar, das nur von Klebeband und Pflastern zusammengehalten wurde. »Sehr, sehr schön.«

Ich verbrachte ziemlich viel Zeit auf dem Weg zu und von der Kita. *Modern Luxe* hatte kurz nach Lulus erstem Geburtstag dichtgemacht, FvD arbeitete Vollzeit mit abendlichen Überstunden mehrmals die Woche, und ich hatte sonst nicht viel zu tun. Am Ende hatte ich Alans Artikel über die deutsche Küche geschrieben, was mir zu einer bescheidenen Karriere als Deutschlandreporter für amerikanische Magazine verholfen hatte. Doch mein Journalistendasein war eher symbolischer Natur, ein Füllsel für die Stunden zwischen Kita-Hinbringen und Kita-Abholen. Im weißen Yuppie-Ghetto vom Prenzlauer Berg war ich der Wohlfahrtskönig – ein Ausländer, der hauptsächlich von dem Umstand lebte, dass er eine deutsche Frau geschwängert hatte.

Mein Leben als Wohlfahrtskönig war nicht sehr schwierig, aber es brachte emotionale Verwicklungen mit sich. Lulus erste Wochen in der Kita waren genau der Albtraum gewesen, den man von einer solchen Zeit erwartet: Wenn ich sie ablieferte, heulte sie hysterisch und klammerte sich an mir fest, als wollte ich sie als medizinisches Versuchskaninchen verkaufen. Doch in ein paar kurzen Jahren hatte sie sich vom hilflosen Opfer in einen frühreifen Snob verwandelt. Unter anderem musste ich mich jetzt verstecken, wenn sie ihre Betreuer und Gruppenkameraden begrüßte. Wahrscheinlich war das Problem, dass ich einer der wenigen Väter war, die morgens kamen, und in einem Meer beneidenswert organisierter Supermütter auffiel wie ein bunter Hund. Doch nicht nur das: Die wenigen Väter waren immer in Eile, rochen nach Eau de Cologne und Aftershave, trugen Anzüge und wollten die Kita so schnell wie möglich hinter sich bringen, damit sie in ihre Yuppie-Büros kamen. Ich dagegen nutzte jede Ausrede, um länger zu bleiben, und drückte mich vor dem Schwarzen Brett mit den Backwettbewerbsausschreibungen und ähnlichen Ankündigungen herum, um die Chancen auf menschlichen Kontakt zu erhöhen.

Im letzten Winter hatten die Probleme angefangen: Irgendwie hatte ich es geschafft, die Einladung zum Elternabend zu übersehen, einem Anlass, der für mich der Höhepunkt der Woche gewesen wäre. Ich erntete böse Blicke sowohl von den Erziehern als auch von FvD.

»Du hängst jeden Tag zwei Stunden da rum!«, sagte sie. »Ist es zu viel erwartet, dass du mitkriegst, wann der Elternabend stattfindet? Ich habe eine total verrückte Idee: Versuch mal, mit den Leuten zu *reden.*«

Ich sagte ihr nicht, dass die anderen Eltern angefangen hatten, mich zu meiden, indem sie mir argwöhnische Blicke zuwarfen oder mich ganz ignorierten. Ich kam mir vor wie der verstoßene Affe im Zoo, der gemobbt und in die Ecke gejagt wird, während die anderen Affen miteinander spielen und ihre Bananen essen.

»Was genau machen Sie eigentlich?«, fragte mich eine gestresst wirkende Mutter eines Morgens, als ich Lulu zur Kita brachte. Lulu sah völlig verwahrlost aus, ihr Gesicht war mit Schokolade verschmiert, und die Socken passten nicht zusammen.

»Ich bin freier Autor«, antwortete ich, indem ich stolz meine neueste deutsche Vokabel einsetzte.

»Oh«, sagte sie, »wie interessant. Worüber schreiben Sie?«

»Äh, Essen und so was. Für alle möglichen … äh, Zeitschriften.« Mit hochrotem Gesicht wandte ich mich ab und studierte einen Anschlag am Schwarzen Brett. Anscheinend suchte das von den Eltern organisierte Puppentheater noch einen Puppenspieler für die Weihnachtsaufführung. Verlegen nahm ich den Stift und trug meinen Namen ein.

Ich hörte, wie die Mutter mit der Zunge schnalzte und kopfschüttelnd davonmarschierte. Sie sah aus, als wäre sie auf dem Weg ins Büro, wo sie ein paar ineffiziente Mitarbeiter feuern würde.

»Rabenmutter«, flüsterte ich, als sie außer Hörweite war. Auch diese Vokabel hatte ich gerade erst gelernt.

So schwer meine Minderwertigkeitskomplexe auch waren – ich musste nur einmal mit jemandem aus New York reden, und schon ging es mir wieder besser. Es schien, als wären all meine Freunde zur gleichen Zeit wie ich sesshaft geworden und hätten angefangen, Familien zu gründen. Der Unterschied war nur, dass Kinderbetreuung in New York unglaublich teuer war. Meine Schwester ist Fernsehproduzentin. Der Babysitter, der ihre Tochter vier Stunden am Tag betreut, kostet über 2 000 Dollar im Monat. Ein Freund, der an der Börse arbeitet, schickt seinen achtzehn Monate alten Sohn neuerdings zum Religionsunterricht bei den Quäkern, nur damit der Junge beaufsichtigt ist, während die Eltern arbeiten. Wenn ich von Deutschland erzählte, klang es wie ein Paradies – ein Land, das Kinder brauchte und Eltern mit königlicher Behandlung belohnte. Und der bürokratische Aufwand lieferte mir beinahe eine Vollzeitbeschäftigung und gab uns arbeitslosen Eltern ein Gefühl von Selbstwert und Leistungskraft. Was konnte erfüllender sein, als alle Finanzbescheide der letzten Jahre einzuschicken, die man in wochenlanger Arbeit zusammengesucht hatte, und doch zu wissen, dass sie zurückkommen würden mit der Forderung nach mehr Nachweisen.

Am nächsten Montag brachte ich Lulu wie gewöhnlich zur Kita. »Alfa Romeo«, erklärte ich. »Citroën.«

»Müllabfuhr«, antwortete sie, als das vertraute montagmorgendliche Jaulen des Getriebes durch die Straße schallte.

In der Kita versteckte ich mich pflichtbewusst zehn Meter vor der Tür des Gruppenzimmers hinter einer Pflanze. Am Schwarzen Brett hing eine Ankündigung: Am Freitag war Probe für die Weihnachtsaufführung des Puppenspiels. Man konnte das »Skript« anfordern, indem man einer Mutter, deren Namen ich nicht kannte, eine E-Mail schickte. Die Aufführung würde in zwei Wochen stattfinden.

Später im Park, als ich zitternd auf der Parkbank saß, einen Becher halbgefrorenen Kaffee in beiden Händen, klingelte mein Telefon – ein seltenes Ereignis, selbst in guten

Zeiten. Am Apparat war eine Frau, die viel zu schnell sprach, doch sie schien mir einen Job anzubieten. Ob ich so schnell wie möglich vorbeikommen könnte, zu einem Vorstellungsgespräch bei CCCO Advertising Partners? Ich dachte kurz über meinen Terminplan nach: Ich würde ein bisschen von meiner teuren Parkzeit opfern müssen, doch ja, ich könnte es zum Vorstellungsgespräch schaffen. Mittags stellte ich eine magere Bewerbungsmappe zusammen und machte mich auf den Weg nach Berlin-Mitte. In einem nagelneuen Glaspalast sprach ich bei Vanessa, der Kreativdirektorin, vor, einer Amerikanerin, die kein Wort Deutsch sprach. Anscheinend war CCCO die örtliche Niederlassung einer riesigen internationalen Werbeagentur, die ihre Tentakel über die ganze Welt ausstreckte.

Nach ein paar Minuten Smalltalk fragte sie, ohne einen Blick in meine Unterlagen geworfen zu haben, ob ich Freitag anfangen konnte.

»Oh, da gibt es eine kleine Schwierigkeit«, sagte ich.

»Müssen Sie noch ein anderes Projekt zu Ende machen?«

»Nein, keine Sorge. Ich hatte seit Monaten kein Projekt«, versicherte ich ihr. »Ich muss nur zur Puppenspielprobe in die Kita.«

Vanessas Gesicht konnte ich entnehmen, dass sie kein Wort verstanden hatte. »Ki-was?«, fragte sie.

Ich erklärte ihr, was Kita bedeutete und was ein Puppenspiel war, und lächelte dabei nachsichtig, um ihr zu signalisieren, dass solche Dinge zur deutschen Normalität gehörten.

»Ich verstehe nicht ganz. Wollen Sie den Job oder nicht?«

Hastig rechnete ich nach. Ehrlich gesagt wollte ich den Job nicht, aber wir brauchten das Geld. Sobald ich etwas zur Seite gelegt hätte, könnte ich ja mein Dasein als Wohlfahrtskönig wieder aufnehmen. Und die Puppenspielprobe am Freitag fing erst um 18 Uhr an, wenn alle längst Feierabend hatten. Vorher würde ich mir das Skript mailen lassen. Wie schwer konnte meine Rolle schon sein?

Als ich Lulu nachmittags auf dem Spielplatz beim Spielen zusah, versuchte ich mir einzureden, dass ein neuer Job interessant sein würde. Die Sache mit dem Wohlfahrtskönig wurde allgemein überbewertet. Irgendwo hatte ich gehört, dass alleinerziehende Väter – oder Männer mit Kind allein auf dem Spielplatz – bei Frauen gut ankämen. In Wirklichkeit mieden mich die Mütter oder warfen mir böse Blicke zu, wenn sie sahen, dass meine Tochter keine Handschuhe anhatte oder herumrannte und Schlägereien anfing. Auf dem Spielplatz bot sich eine letzte Chance zur Kontaktaufnahme, als Lulu einen Popel in den teuer aussehenden Wollmantel eines anderen Mädchens rieb. Doch als ich herbeieilte, um mich bei der attraktiven Mutter zu entschuldigen, würdigte sie mich keines Blickes, während sie ihr Kind betüddelte. Dann nahm sie ihre Tochter und marschierte davon, zu einem großen schwarzen Range Rover, der auf dem Bürgersteig stand. Wie kam es, dass mich all die schicken jungen Mütter ignorierten, obwohl ich weit und breit das einzige männliche Wesen war, das keine Windeln mehr trug? Es musste etwas Evolutionäres sein: Als Wohlfahrtskönig schien ich rezessives Erbgut zur Schau zu stellen, Beta-Verhalten oder so etwas. Sie konnten riechen, dass ich keinen Job hatte. Ich wusste, was passieren musste: Ich wollte nicht länger als gemobbter Affe in der Ecke sitzen.

Glücklich war ich allerdings nicht darüber. Als Lulu und ich später am Spielplatzzaun standen, zeigte ich auf den Range Rover.

»Bitchmobil«, sagte ich.

Doch sogar Lulu ignorierte mich.

Am folgenden Freitag erschien ich bei CCCO, bereit, mein Leben einer europäischen Variante des Yuppietums zu überschreiben. In den fünf Jahren in Deutschland war ich Pleitier, Spießer und zuletzt Wohlfahrtskönig gewesen: Jetzt winkte mir die große Welt, vielleicht sogar der große Durchbruch.

Vanessa war nicht an ihrem Platz. Irgendwo hörte ich das Rascheln von Kleidern. Zögernd rief ich ihren Namen und hörte ein Ächzen hinter dem Schreibtisch. Als ich so beiläufig wie möglich fragte, wo ich mich hinsetzen sollte, erschnupperte ich einen Hauch von schalem Alkohol.

»Setzen Sie sich irgendwohin«, raunte eine Stimme vom Fußboden, »egal, wo. Und jetzt raus hier.«

Der einzige Arbeitsplatz, den ich fand, war in einem verglasten Konferenzraum voller Leute, die an ihren Computern Kette rauchten. (An den Wänden klebten mindestens drei »Rauchen verboten«-Schilder.) Es waren hippe junge Berliner, Frauen mit Retro-Brillen und strengen Ulrike-Meinhof-Haarschnitten, Männer mit zurückgegeltem Haar und gestreiften T-Shirts, für die das Rauchen in geschlossenen Räumen zu den grundlegenden Menschenrechten zu gehören schien. Da ich nichts zu tun hatte, sah ich mir You-Tube-Videos an und versuchte, die anderen telepathisch davon zu überzeugen, weniger zu rauchen. Nach dem Mittagessen tauchte Vanessa plötzlich in unserem verrauchten Goldfischglas auf. »Die Arbeit hört nie auf!«, trompetete sie aufgekratzt, während sie sich in den Raum zwängte und sich dabei den Rauch aus dem Gesicht wedelte. Sie begann, Aufgaben an uns zu verteilen. Mein erstes Projekt war eine Werbeanzeige für eine Brandschutzversicherung – Vanessa brauchte eine griffige Zeile für das Foto eines erschöpften, rußverschmierten Feuerwehrmanns, der zusah, wie sich nicht weit von ihm die Apokalypse abspielte. Es schien der richtige Job für den Raucherraum.

Nach drei Stunden war die beste Zeile, die mir einfiel: »Wo brennt's denn?« Es war fast 18 Uhr, Zeit abzuhauen und zur Puppenspielprobe zu gehen. Als Notfallplan hatte ich noch eine Alternative: »Hier brennt die Hütte!«

»Das soll wohl ein Scherz sein«, sagte Vanessa, als ich ihr den Ausdruck meiner Ideen in fetter Typo reichte.

»Sie wollten doch etwas, das hängen bleibt«, verteidigte ich mich. »Die Werbung ist für Europa, oder? Vielleicht sollten wir einen Deutschen nach seiner Meinung fragen.«

Mark, Vanessas deutsches Gegenstück, kam herein und las die Schlagzeile. »Wissen Sie, wie viele Menschen in Deutschland jedes Jahr bei Bränden ums Leben kommen?«, fragte er ernst. »Wissen Sie, wie viele Menschen *auf der Welt* dabei umkommen?«

Ich wusste es nicht, und ich bezweifelte, dass er es wusste. Aber ich spürte, dass er eine Standpauke parat hatte, und duckte mich vorsorglich. »Okay, ich hab's kapiert«, sagte ich kleinlaut. »Keine Witze über Feuerversicherungen. Total geschmacklos, ich sehe es ein. Ich muss mich einfach erst mal einarbeiten, okay?« Beide sahen mich verständnislos an. »Jedenfalls«, fuhr ich fort und deutete an, dass ich aufstehen wollte, »muss ich jetzt leider los. Ich muss zur Probe für –«

»Ausgeschlossen«, unterbrach mich Vanessa. »Wir fangen hier gerade erst an.« Mark machte ein gequältes Gesicht, als lernte ich gerade eine grundlegende Lektion und müsse da alleine durch.

Ich verließ das Büro um zwei Uhr morgens, nachdem ich ein Foto von Lulu auf den Bildschirm geladen hatte, das ich nach und nach vergrößerte, bis es den ganzen Hintergrund einnahm und Mark endlich sagte, da ich Vater sei, dürfte ich heimgehen. Ich hatte die Puppenspielprobe verpasst, den gesellschaftlichen Höhepunkt meiner Woche. Ich hatte noch nicht einmal mein Skript bekommen.

Als ich heimkam und mich ins Bett fallen ließ, wachte FvD auf. Ich war zu überdreht und genervt zum Schlafen.

»Ich hasse Amerikaner«, sagte ich.

»Denk ans Geld«, tröstete sie mich. »Du hast nur eine Puppenspielprobe verpasst. Es gibt noch viele Möglichkeiten, wie du dich einschleimen kannst.«

»Zum Beispiel?«

»Du könntest Plätzchen backen, Märchen vorlesen …« Dann schlief FvD wieder ein. Nur ich blieb wach.

Die Tage bei CCCO folgten alle dem Muster des ersten Tages, mit schleppenden Vormittagen und langen Nächten. Es war, als wäre ich gekidnappt worden. Nach fünf Jahren hatte ich mir die Tugenden der deutschen Arbeitsethik und des Wohlfahrtsstaats zu eigen gemacht, doch plötzlich war ich in einen geheimen Ausbeuterbetrieb verschleppt worden, wo junge ehrgeizige Leute schufteten wie Ackergäule. Wo war die Gewerkschaft, wo waren die hart erarbeiteten SPD-Reformen der Nachkriegsjahre? Um sechzig Jahre Arbeitskampf zunichte zu machen, brauchte es anscheinend nur einen amerikanischen Boss. Vanessa war wie George W. Bush: Sie marschierte in ein Land ein, weigerte sich, die Sprache zu lernen, und legte binnen kürzester Zeit das kulturelle Erbe einer Nation – in diesem Fall kurze Arbeitstage und lange Ferien – in Schutt und Asche.

Ich litt nicht nur als Angestellter, sondern auch als Landsmann. Alle würden uns hassen – so wie ich die Deutschen in Schubladen packte, würden meine Kollegen uns Amerikaner in eine Schublade packen. Als Bernard Madoff bei seinem 50-Milliarden-Dollar-Schneeballsystem erwischt wurde, hörte man in Amerika oft die Klage, dass die Geschichte »schlecht für die Juden« sei. Vanessa mit ihrer skrupellosen Arbeitsethik, die bedingungslosen Einsatz rund um die Uhr verlangte, war schlecht für die Amerikaner im Ausland. Es würde etwas geschehen müssen: Entweder Vanessa entspannte sich, oder sie musste weg.

Am nächsten Freitag versäumte ich die Puppenspielprobe wieder. Gegen 17 Uhr, als ich mir gerade eine Ausrede überlegen oder mich einfach davonstehlen wollte, war unser verrauchtes Zimmer voll von jungen Textern und Grafikdesignern. Sie verlangten, dass ich mitkam, als Kollege, als Genosse, und zerrten mich zum Fahrstuhl, zur Tür hinaus und auf den Rücksitz eines 3er-BMWs. Auf der Fahrt erkundigte sich einer nach meinem Leben (»Du bist also wegen der Liebe nach Deutschland gezogen? Blödsinn. Du warst bestimmt pleite.«) Ich war gerührt: Sie waren viel netter als ihre Kollegen in Amerika. New Yorker Werber waren angeberische Klugscheißer, die immer noch ein bisschen ironischer und hipper waren als alle anderen Leute. Meine deutschen Mitarbeiter dagegen wirkten zwar halb betäubt von all der Arbeit, aber nicht traumatisiert. Es war, als wüssten sie, dass auf der anderen Seite des Tales das normale Leben auf sie wartete, das bequeme Fließband von der Schule bis zur Rente, und dass die kurze Zeit des verrückten Arbeitseinsatzes bald vergessen wäre.

Als wir in einer typischen Mitte-Bar mit weißen Tischen und weißem Fußboden Drinks bestellten, überlegte ich fieberhaft, wie ich meine Kollegen dazu bekam, mir bei Vanessas Gehirnwäsche zu helfen. Doch anscheinend waren sie zu der heftigen Abneigung, die ich spürte, oder zu sonstigen negativen Gefühlen nicht in der Lage. Vielleicht war Vanessa am Ende doch nicht so schlimm für die Amerikaner im Ausland. Vielleicht lag es ja an *mir*: Ich war faul geworden und hatte mich nur mit Deutschland identifiziert, um meine Trägheit zu entschuldigen.

Ich wurde aus meinen Gedanken gerissen, als Vanessa sich neben mich setzte. Ich wusste nicht einmal, dass sie mitgekommen war, doch jetzt erzählte sie mir ihre Lebensgeschichte, in Kapitel unterteilt durch mehrere Mojitos. Sie stammte aus Portland in Oregon und war sieben Jahre jünger als ich, auch wenn sie viel älter aussah. In Berlin war sie erst seit zwei Wochen. Sie hasste es hier und wünschte sich nach Mailand zurück, wo sie zuletzt für CCCO gearbeitet hatte. In Mailand, sagte sie, hatte sie ein Leben, womit sie vermutlich einen Liebhaber meinte. Berlin wäre für sie einfach nur ... grau und trist. Ich räusperte mich und wollte gerade anfangen, meine *liebgewordene* Wahlheimat zu verteidigen.

»Ich bin nicht auf der Suche nach einem Mann oder so was«, sagte sie am Ende ihrer Geschichte.

»Keine Sorge, das wird eh nichts«, erwiderte ich.

»Wie bitte?« Sie sah mich bestürzt an.

Normalerweise war ich nicht so unhöflich, aber Vanessa weckte einen Antiamerikanismus in mir, den ich zuletzt während der ausklingenden Bush-Ära gespürt hatte. Wir Amerikaner waren ein unnützes Volk, das jeden herumzukommandieren versuchte, ohne zu hinterfragen, ob es vielleicht bessere Methoden gab. Kopfschüttelnd sah ich mich um. Der Rest der Anwesenden hatte uns nicht zugehört, sondern war damit beschäftigt, schwäbische Dialekte zu imitieren und reichlich Alkohol zu vernichten.

»Hey, worüber redet ihr?«, rief Vanessa auf Englisch. Am Tisch wurde es still. Alle sahen Vanessa einen Moment lang komisch an, dann unterhielten sie sich einfach weiter.

»Das hat ja super geklappt«, sagte ich.

»Was ist bloß los mit diesen Leuten?«, fragte sie.

»Es sind nur ganz normale Menschen«, murmelte ich in mich hinein.

In den nächsten Stunden beobachtete ich, wie Vanessa den schlimmstmöglichen Auftritt als Amerikanerin hinlegte. Betrunken versuchte sie mehrere der Frauen mit den Ulrike-Meinhof-Frisuren in Gespräche zu verwickeln, indem sie ihre Stimme in absurde Höhen schraubte und unbedingt über Make-up und andere Mädchenthemen sprechen wollte, von denen sie dachte, dass sie ihre Geschlechtsgenossinnen interessierten. Als ich ging, saß sie in einer Bar, die wie ein Grundschulklassenzimmer eingerichtet war, an einem Schultisch. Mark saß neben ihr, und jedes Mal, wenn er etwas sagte, warf sie lachend den Kopf zurück.

Als ich nach Hause kam, hatte ich eine E-Mail von der Frau, die das Puppenspiel organisierte. Das mitgeschickte Skript war achtzehn Seiten lang. Ich hatte den meisten Text, zum Teil seitenlange Monologe. Und zum Auswendiglernen hatte ich nur noch eine Woche Zeit: Am nächsten Freitag fand die Aufführung statt.

Als ich am Montag zur Arbeit kam, saß Vanessa an ihrem Schreibtisch und hatte die Füße auf den Tisch gelegt. Auf ihrer Stirn kämpfte sich eine riesige Beule durch die dicke Make-up-Schicht.

»Mark und ich sind noch zu so einem Club Unter den Linden«, sagte sie. »Die wollten uns nicht reinlassen, da bin ich auf die Barrikaden gegangen, und im nächsten Moment habe ich mit dem Gesicht auf dem Boden gelegen und Asphalt gefressen.«

Ich räusperte mich und sagte, dass ich am Freitag auf jeden Fall früher gehen müsste, weil ich bei der Weihnachtsaufführung der Kita beim Puppenspiel mitmachte.

»Am Montag haben wir die größte Präsentation in der Geschichte der Brandschutzversicherungswerbung, Mr. Wobrennts-denn«, sagte Vanessa kühl. »Wir arbeiten das Wochenende durch. Dass du dich am Freitag in die Clownschule verziehst, ist völlig ausgeschlossen.«

Das war das Gefühl, das arbeitende Mütter auf der ganzen Welt kennen: die Zwickmühle zwischen dem Beruf und dem Wohlergehen ihres Kindes. Obwohl Deutschland Mutterschutz, Kita-Zuschüsse und so weiter zum Gesetz gemacht hatte, schien der Wert dieser Errungenschaften an einer knallharten amerikanischen Karrierefrau, die Anfang dreißig und kinderlos war, völlig vorbeizugehen. Wer weiß, vielleicht hatte Vanessa ihre Jugend in der miesen Provinz von Portland, Oregon, verbracht, wo Hundekämpfe und Schießereien sie nachts wachhielten. Vielleicht waren Eltern für Vanessa eine Bande fauler Arschlöcher, die sich nachmittags einen schönen Lenz machten und die Steuern in die Höhe trieben. Ich kannte auch Deutsche, die so dachten. Ich hätte sie eines Besseren belehren können, indem ich ihr zeigte, dass es möglich war, auch als Elternteil zu arbeiten wie ein Gaul. Doch ich fasste den Entschluss zu kündigen. Wenigstens, tröstete ich mich, war es keine Schlappe für den Feminismus.

Ein paar Stunden später klagte ich über starke Schmerzen in der Brust und Fieber. Mit einem Blick, in dem viel Zweifel lag, schickte Mark mich unter Vanessas Protest nach Hause. Den ganzen Tag bastelte ich an meiner cleveren Kündigungs-Mail.

Als ich Lulu von der Kita abholte, wirkte sie überrascht und erschrocken, mich anstelle des Babysitters zu sehen. Sie weigerte sich, Englisch mit mir zu sprechen, bis wir das Kita-Gelände hinter uns hatten.

»So«, sagte sie nach ein paar Straßen und einer großen Kreuzung, »jetzt können wir reden, Papi.«

Wir kamen an den Spielplatz, auf dem ich wie immer das einsame Männchen sein würde.

»Welches Auto gefällt dir am besten?«, fragte ich, als wir das Tor erreichten. Ich zeigte auf einen wunderbaren alten VW Karmann-Ghia Coupé und wollte ihr gerade den Namen beibringen, doch Lulu würdigte den Karmann-Ghia keines Blickes.

»Bitchmobil«, sagte sie.

Der dicke schwarze Range Rover stand genau daneben.

Ich war zurück im Affenkäfig, aber es war ein gutes Gefühl.

Vier Tage später saß ich vor vierzig Kindern zwischen zwei und fünf und ihren Müttern, ein paar Vätern und sogar einigen Großeltern im Musikraum der Kita. Auf der Bühne, etwa einen halben Meter über dem Zuschauerraum, ging ich zum fünften Mal die unzähligen Seiten meines Rollenhefts durch, während ich mit Sorge das klapprige Kasperletheater beäugte, in das ich mich mit den anderen Puppenspielern hineinquetschen musste. Ich sah mich um, doch ich konnte nicht erkennen, wer von den anderen Eltern mit mir hinter der Bühne stehen würde. Ich hoffte nur, dass es nicht auch die Regisseurin war, eine untersetzte Frau mit dünnem Haar namens Klara. Im Moment war sie damit beschäftigt, die anderen Eltern zur Eile anzutreiben. Ich hatte Angst vor ihr.

Während ich den Text las, wurde mir klar, wie wenig ich von den Gepflogenheiten des deutschen Puppenspiels wusste: Es gab nicht nur eine Puppe namens Kasperle, die in Brechtscher Manier direkt zum Publikum sprach, sondern auch ein Krokodil, einen Räuber und einen Schlitten voller Geschenke, der irgendwann während der achtzehn Seiten gestohlen und später, zum Ende hin, wiedergefunden wurde. Mein Dialog war teilweise mehrere Seiten lang, da ich verschiedene Rollen spielen musste.

Auf der Bühne tat sich etwas. Klara war aufgestanden und schrie, um die Aufmerksamkeit von vierzig Kindern auf sich zu ziehen, die den gesamten langen, verregneten Dezembertag drinnen verbracht hatten und gerade dabei waren, sich gegenseitig die Haare auszureißen. Als es still war, erklärte Klara den Zuschauern in groben Zügen die Handlung. Sie erwähnte sogar, dass ein »New Yorker Journalist« (ihre Worte, nicht meine) half, dem Ganzen Leben zu verleihen, indem er die Rolle von Kasperle, dem Krokodil und mehreren anderen Figuren übernahm. Dann imitierte sie eine Trompetenfanfare und schickte uns hinter die Bühne: Das Schauspiel hatte begonnen.

Erst als ich mit der rechten Hand die Kasperlepuppe hochhielt, in der Linken das Skript, begriff ich, dass Klara tatsächlich meine Partnerin hinter der Bühne sein würde. Wahrscheinlich wäre ich vorbereitet gewesen, wenn ich zu den Proben erschienen wäre, aber jetzt war es zu spät. Ab dem Zeitpunkt, da wir uns zusammen in den winzigen Raum quetschten, begann meine Wahrnehmung zu verschwimmen. Die Zeit schien stehengeblieben zu sein, nur dass sie alle zehn Minuten einen Sprung machte, wenn mir auffiel, dass wieder eine meiner Gliedmaßen eingeschlafen war. Zwischen den Rollen hin und her zu springen war besonders schwierig: Ich hatte nicht genug Hände, um die Puppen ohne ernstzunehmende Verspätung auszuwechseln, und so gab ich es auf und benutzte stattdessen verschiedene Stimmen.

»Lauter!«, schrien die Kinder, als ich die dunkle Krokodilstimme nachmachte. Ich räusperte mich und versuchte zu schreien, doch es kam nichts heraus. Ein besonders frecher Junge, den ich oft morgens vor der Kita gesehen hatte, schrie *»Good Morning!«* – das Einzige, was er in zwei Jahren Kita-Englisch gelernt hatte. Der Schweiß lief mir in die Augen und tropfte auf die Seiten, sodass ich den Text noch schlechter lesen konnte als ohnehin schon. Ich hatte es längst aufgegeben, verstehen zu wollen, was ich sagte. Ich versuchte die Worte nur noch irgendwie korrekt auszusprechen. Leider waren es Tausende.

Im nächsten Kasperle-Monolog ließ mich meine Stimme wieder im Stich. »LAUTER!«, schrie der freche Junge. Von Rechts wegen hätte er längst in eine richtige Schule gehen sollen, statt jüngere Kinder und ältere Erwachsene in der Kita zu terrorisieren. Doch die anderen Kinder schlossen sich seinem Schrei an, und die Eltern versuchten ohne Erfolg, sie zum Schweigen zu bringen. Als ich mich räusperte und weitermachen wollte, schrie der Junge wieder: *»Good Morning!«*

Ich unterdrückte meinen aufflammenden Ärger und riss mich zusammen: Wir hatten noch dreizehn Seiten vor uns. Inzwischen war mir schlecht, und der Tod wäre eine willkommene Erlösung gewesen.

Dann berührte meine Stirn das feuchte Haar der Regisseurin. Durch ihre John-Lennon-Brille sah sie mich an wie einen Perversen. Ich versuchte ihr mit einer Grimasse zu erklären, dass ich keine bösen Absichten hatte, aber sie schaffte es, angewidert das Gesicht zu verziehen, den Kopf zu schütteln und dabei keine Silbe des Weihnachtsmann-Monologs auszulassen. Kurz danach – es fühlte sich wie eine

Ewigkeit an – übersprang ich einen halben Absatz, weil ich vom Füßescharren auf der anderen Seite den Eindruck gewann, dass wir zum Ende kommen sollten. Doch die Regisseurin zwickte mich fest in den Arm und flüsterte laut genug, dass es jeder hören konnte, ich hätte »den wichtigsten Teil übersprungen«.

»Lauter!«, brüllte mein kleiner Freund draußen. Mit dem Text in der Hand schlug ich wütend gegen die Bühne, die prompt ins Schwanken geriet. Die Kinder lachten. Ich hörte, dass sie sich mittlerweile in Zimmerlautstärke unterhielten, und mindestens zwei Paar Füße rannten herum. *»Good Morning!«*, brüllte der kleine Folterknecht.

Plötzlich kam Lulu um die Ecke der Bühne. Sie sah mich an, als wäre sie um mein Wohlergehen besorgt, und fragte mich auf Englisch, was ich da machte. Es war ein Schock, mitten in der Hölle Besuch von meiner blonden zweijährigen Tochter zu bekommen, die in meiner Sprache mit mir sprach, wie eine himmlische Gnadenfrist vom Bruchteil einer Sekunde. Doch ich antwortete auf Deutsch.

»Ich spiele im Stück mit!«, flüsterte ich. »Das Kasperletheater.« Mir war schmerzlich bewusst, dass dies für Lulu ein früher Moment der Entzauberung sein musste, aber was sollte ich tun. Ich glaubte sowieso nicht, dass ich das Stück überleben würde.

»Papi, hör auf. Das ist nicht lieb«, sagte sie.

Ich fragte mich, was die jungen ambitionierten Texter der CCCO jetzt gerade trieben. Wahrscheinlich kippten sie den zweiten oder dritten Cocktail, mit dem sie eine weitere Nacht auf der Walz einläuteten. Doch ich wurde aus meinen Gedanken gerissen, als die Wände näher zu rücken schienen. Jemand drückte von außen gegen das Kasperletheater und schrie »*Good morning!*«, direkt hinter der Pressspanwand. Die Regisseurin und ich versuchten mit den Ellbogen dagegen zu halten und gleichzeitig die Puppen oben aus der »Bühne« zu strecken, während wir mit Lichtgeschwindigkeit unseren Text herunterrasselten (den Schlitten voller Geschenke hatte ich zu diesem Zeitpunkt längst aus den Augen verloren), doch dann schlossen sich die anderen Kinder dem Jungen an. Es war wie eine kindliche Flut, die, von ihren Eltern befreit, gegen die Bühne brandete, bis alles über mir zusammenbrach.

Ich war ganz allein. Die Regisseurin hatte sich gerettet, bevor das Theater zusammenkrachte. Um mich herum, über mir war das Geschrei wild gewordener Kinder, die anscheinend fest entschlossen waren, den Sturm auf die Bastille nachzuspielen. Ungefähr jetzt würden Vanessa, Mark und der Rest das erste Bier von vielen aufmachen und zum letzten Mal die Brandschutzversicherungsanzeigen durchgehen.

Doch irgendwie bevorzugte ich trotzdem meine eigene kleine Version der Hölle.

RALPHY LE ROUGE

Als der Film *Der Baader Meinhof Komplex* in Deutschland herauskam, wurde er an den Kinokassen von dem amerikanischen Animationsfilm *Wall-E* geschlagen. Für meine deutschen Freunde war *Wall-E* ein humanistisches Meisterstück; bei der Erwähnung des neuesten Constantin-Spektakels schnaubten sie nur, auch wenn sich jeder Amerikaner, den ich in Berlin kannte, den Film pflichtbewusst in der untertitelten Originalversion ansah.

In Amerika hatte ich die Worte »Baader-Meinhof« oft gehört, doch nie richtig verstanden. Als ich hierherzog, war es unmöglich, sich der RAF-Ikonographie zu entziehen: Immer war irgendwo ein Filmposter, ein Zeitungsartikel, ein *Spiegel Spezial*. Nach einigen Fahndungspostern und Fernsehberichten wurde ich neugierig; dann, ohne dass es mir bewusst war, wurde ich zu einem glühenden Verteidiger gewalttätiger Radikaler, wie ich es zu Hause nie gewesen war. Teilweise hatte es wohl damit zu tun, dass ich endlich etwas über deutsche Geschichte wusste, das nicht direkt mit dem Zweiten Weltkrieg zu tun hatte. Ich fühlte mich engagiert, modern, war ein Teil des Diskurses in meinem neuen Land. Auch wenn die Diskussion um die RAF außer ein paar Studenten und pensionierten Journalisten niemand mehr führte.

Eines Abends fand ich das zerlesene rotgraue Taschenbuch *Der Baader Meinhof Komplex* bei uns in der Wohnung. FvDs Name stand in unverwechselbar angestrengter Teenager-Schrift vorn im Buch. Ich begann zu lesen. Abends im Bett hatte ich viele Fragen.

»Tolle Sache, das mit der Außerparlamentarischen Opposition.«

FvD zuckte mit den Brauen. Nach ein paar Minuten versuchte ich es noch einmal.

»Andreas Baader scheint ja ein ziemliches Arschloch gewesen zu sein. Aber er hatte irgendwie Schneid, oder?«

»Schätze schon.«

»Ich weiß nur nicht, ob ich dafür bin, Leute mit Bomben in die Luft zu sprengen«, erklärte ich, als hätte mich jemand nach meiner Meinung gefragt. »Es ist doch entmenschlichend, einfach so zu beschließen, wer den Staat repräsentiert, und die Person auf diese Funktion zu reduzieren, um sie dann umzubringen.«

FvD seufzte und schlug das Buch zu, das sie lesen wollte. »Wenn du deine deutsche Pubertät nachholen willst, ist das in Ordnung«, sagte sie. »Aber vielleicht solltest du lieber nicht in der Öffentlichkeit darüber reden.«

Ein paar Tage später waren wir auf einer Dinnerparty eingeladen, auf der außer mir nur Deutsche waren. Nach ein paar Drinks konnte ich mich nicht mehr zurückhalten: Ich fing an, ausführlich über mein Verständnis der RAF zu reden, überlegte laut, welchen Status Ulrike Meinhof in »der Gruppe« hatte, und so weiter. Ich erhielt mehrere Tritte von FvD, doch ich ließ mich nicht stören. Irgendwann hob sie die Hand, um mich zum Schweigen zu bringen.

»Weißt du, wer in Deutschland Präsident ist?«

»Das ist einfach. Angela Merkel.«

Ich sah, wie ihr Griff um Messer und Gabel fester wurde.

»Angela Merkel ist die Kanzlerin.«

»Ach ja.« Ich versuchte ungerührt zu klingen, als wäre mir nur ein kleiner Fehler unterlaufen. »*Klar.* Kanzler. Wie Bismarck.«

»Du weißt, dass wir auch einen Präsidenten haben«, beharrte FvD. »Weißt du, wie er heißt?«

»Äh, Gerhard Schröder?«

Eine Orgie des Augenrollens folgte, untermalt von künstlichem Hüsteln. Offensichtlich hatte ich etwas ziemlich Dummes gesagt. Alle fingen gleichzeitig an zu erklären. Anscheinend war Deutschland eine parlamentarische Demokratie. Ich wollte verwegene Terroristen und draufgängerische Politiker, doch das bekam ich nicht. Eine weitere Illusion, die ich aufgeben musste.

In gewisser Weise war die RAF mein Platzhalter für die Haudrauf-Qualität der amerikanischen Politik. Amerikanische Politik ist häufig peinlich oder Schlimmeres, aber dafür selten langweilig. Natürlich ist es angenehmer, in einem friedlichen Deutschland zu leben, wo die großen kulturellen Schlachten, die Amerika immer noch lähmen, längst ausgefochten sind. Im Wahlkampf muss ich nicht befürchten, dass sich die Wähler von der Schwulenehe, Flaggenverbrennungen oder Abtreibung leiten lassen. Doch je mehr ich versuchte, deutsche Politik zu begreifen, desto verwirrter wurde ich. Anscheinend musste man eine Ahnung von *politischen Zusammenhängen* haben, um zu verstehen, was los war. Vor allem von finanzpolitischen Zusammenhängen. Außer bei den Grünen: Die waren aufregend; bei denen ging es immer um die Reizthemen. Das jedenfalls war der Ruf, den sie in Amerika genossen.

Joschka Fischer war ein Held für den Teil der Amerikaner, die von Anfang an gegen den Irak-Krieg waren: Als Fischer bei der Münchner Sicherheitskonferenz Donald Rumsfeld zurief, er sei »nicht überzeugt« von Rumsfelds Plädoyer für den Krieg, schien der knappe Ausspruch eine ganze Welt des heroischen Rationalismus auf den Punkt zu bringen, der in Amerika damals nicht verfügbar war. Wer in Amerika auch nur den Hauch eines radikalen Interesses in seinem Lebenslauf aufweist, wird im Verlauf seiner politischen Karriere immer wieder auf Schwierigkeiten stoßen. In Deutschland dagegen konnte man mit Steinen auf Polizisten werfen und trotzdem Außenminister werden, oder Anwalt linksradikaler Terroristen sein und später Innenminister werden. All das schien mir unendlich aufgeklärter als das amerikanische System mit seinen Dynastien und dem endlosen Strom überlebensgroßer reaktionärer Persönlichkeiten.

Doch als ich anfing, mich für deutsche Politik zu interessieren, waren die heroischen Grünen bereits Geschichte. Der Einzige von Format, der übrig war, war der barrikadenstürmende Daniel Cohn-Bendit. Auch wenn er niemanden in die Luft gesprengt hatte, beflügelte der lockige kleine Kerl mit der großen Klappe auf den Fotos von 1968 und danach meine Fantasie. Je mehr ich las, desto sympathischer wurde er mir: Wie Prinz Marcus hatte er Charisma. Ich wollte mich nach seinem Vorbild neu erfinden, als kleinen, lockigen, jüdischen Deutsch-Franzosen. Auch ich wollte eine internationale Ikone deutscher Coolness sein. Ich wollte Ralphy le Rouge sein, den Langen Marsch durch die Institutionen anzetteln, begleitet von zahllosen Einladungen zu schicken Dinnerpartys, wo ich Champagner schlürfen und darüber diskutieren würde, wie schleppend sich die Revolution anließ. Ich wusste nicht genau, wo ich anfangen sollte, da ich

Amerikaner war und nirgends in Europa wählen durfte, aber es würde bestimmt irgendwo einen protokollarischen Posten für mich geben.

Schon ein paar Wochen später bekam ich meine Chance: Plakate kündigten die Jugendkonferenz der Europäischen Grünen in Frankfurt an der Oder an, nur eine Stunde von Berlin entfernt, und Daniel Cohn-Bendit war als Redner vorgesehen. Manche warteten Jahre, ein ganzes Leben, um ihr Idol zu treffen. Bei mir dauerte es nur einen Monat. Ah, Deutschland!

Auf dem grasbewachsenen Parkplatz der Internationalen Universität Viadrina standen lauter Škodas und Fiats mit politischen Aufklebern und slowenischen und kroatischen Nummernschildern. Ich fühlte mich sofort wohl. Mein lila Golf war der schickste Wagen weit und breit, was ich als gutes Omen wertete. Die Jugendkonferenz der Grünen würde ein Kinderspiel für mich sein. Endlich konnte ich mein Format zeigen, mit den Delegierten plaudern und sie auf mich neugierig machen. Sobald ich Interesse geweckt hatte, würde ich mich erheben und eine Stegreifrede halten. Ralphy le Rouge, der den ganzen Weg aus Amerika gekommen war, um den Grünen klarzumachen, dass sie den Kampf nicht aufgeben durften, dass sie Joschka Fischers Erbe antreten mussten! Leider war das Einzige, was ich bis jetzt vom Programm der Grünen wusste, dass sie auf der Autobahn eine Geschwindigkeitsbegrenzung einführen wollten, ein Punkt, den ich nur schwer in eine leidenschaftliche Rede packen konnte. Doch ich würde mir etwas einfallen lassen.

Es war früh am Abend, und die meisten Leute hatten sich in der Mensa versammelt, lauter Zweiundzwanzigjährige, die sich auf Deutsch, Englisch und in anderen, exotischere Sprachen unterhielten. Ich hatte zwar keine Einladung, aber keiner hielt mich auf, als ich hineinging. Ich war sowieso nicht zum Essen hier, sondern um mich der Kommune anzuschließen und vor allem, um herauszufinden, wie ich eine Audienz bei Dany le Rouge bekäme. Als ich endlich den Mut aufbrachte, mich an einen der großen Kommunentische zu setzen, landete ich bei zwei Presseleuten der Grünen, sorgfältig gekleideten Jungs mit kurzem Haar, etwa Ende zwanzig.

»Ihr wollt also auf der Autobahn das Tempolimit einführen?«, rief ich über den Tisch, um den Lärm der Menge zu übertönen.

»Na ja, das ist einer der Punkte«, antwortete der eine, ein großer, adrett aussehender Blonder. »Aber derzeit arbeiten wir hauptsächlich an der Formulierung einer Antwort auf die russische Aggression gegen Georgien.«

»Ja, das ist toll«, rief ich. »Ihr seid dafür, dass die da mal richtig aufräumen, oder? Die blöde NATO soll was erleben.«

Doch ich merkte, dass ich irgendetwas falsch verstanden hatte.

»Nein, wir brauchen eine einheitliche europäische Antwort, die sich gegen die Aggression ausspricht und gleichzeitig eine hysterische Überreaktion vermeidet.«

»Ach so.« Wo waren die linksradikalen Straßenkämpfer, wo waren die Bombenleger? Als ich mich im Saal umblickte, waren da lauter glückliche Jugendliche, die genauso gut amerikanische College-Studenten hätten sein können. Abgesehen von ein paar Hippies wirkten die meisten sauber und gestriegelt, in Hemden mit Kragen und grauen Hosen.

»Wusstest du, dass Gesine Schwan, die Präsidentin der Europa-Universität, nächstes Jahr für die Präsidentschaft kandidiert?«, fragte mich der andere Pressetyp.

»Das ist spannend«, rief ich zurück. »Gegen Angela Merkel?«

Der Knabe sah mich einen langen Moment an. »Nein, das ist die Kanz–«, fing er an.

»Ja, ja«, würgte ich ihn ab. »Habt ihr *Baader Meinhof Komplex* gesehen?«

Ein paar Minuten später stürmte die Menge aus dem Saal. Dany le Rouge moderierte die Podiumsdiskussion! Das war meine Chance, den Barrikadenstürmer kennenzulernen, den Mann, der jeden kannte und überall im Mittelpunkt stand. Ich überlegte, ob ich ihm sagen sollte, dass ich mich ihm zu Ehren Ralphy le Rouge nennen wollte; bestimmt würde er sich freuen. Nach der revolutionären Podiumsdiskussion würde ich mich durch die Menge drängeln, ihm von mir erzählen und ihn vielleicht bitten, mich als Protegé anzunehmen.

Wir quetschten uns in einen riesigen Hörsaal. Ich war einer der Letzten und musste mich auf Zehenspitzen stellen, um über das buschige Haar meiner Vordermänner zu sehen. Endlich, da war er: noch kleiner, als ich ihn mir vorgestellt hatte, in einem ausgebeulten grauen Jackett, das aussah, als habe er darin geschlafen, mit angegrautem blondem Haar und randloser Brille ... Kurz dachte ich, dass ich mir vielleicht auch neuere Fotos von Dany le Rouge hätte ansehen sollen, bevor ich ihn zu meinem Idol machte, oder wenigstens eins, das nach 1974 aufgenommen worden war. Doch dieser Gedanke war oberflächlich und typisch amerikanisch: Auch wenn er nicht wie ein inspirierender Prophet aussah, sagte ich mir, würde er mit seiner Redekunst bald den ganzen Saal in Brand stecken.

Ich stand so weit weg vom Podium, dass ich mich anstrengen musste, um überhaupt etwas zu verstehen. Dann schnappte ich ein paar Worte auf Englisch auf, deren Silben er mit starkem Akzent betonte: »Was wir brauchen« (Pause) »ist eine« (Pause) »einheitliche Antwort« (Pause und auf den Tisch hauen) »auf die russische Aggression gegen Georgien.«

Zwanzig Minuten lang ritt Dany le Rouge darauf herum, dann stellte er einen hageren Mann mit riesigen schwarzen Tränensäcken vor. Der Mann war Georgier, und er beschrieb ausgiebig die Gräueltaten in seinem Land. Dann sprachen die anderen Diskussionsteilnehmer. Ich spürte, wie mein revolutionäres Feuer von Minute zu Minute kleiner wurde. Als sie fertig waren, hatte ich keine Lust mehr, mich meinem revolutionären Idol vorzustellen. Enttäuscht ließ ich die Schultern hängen und ging in die Mensa zurück, wo die Bierflaschen geöffnet wurden.

Neben mir saßen ein paar Zwanzigjährige. Schlecht gelaunt fragte ich sie, was sie von Obama und den amerikanischen Grünen hielten. Wollten sie, dass Ralph Nader, der Kandidat der Grünen, amerikanischer Präsident wurde? Sie zuckten mit den Schultern.

»Ich mag Obama«, sagte ein Mädchen. Die Jungs funkelten sie finster an, als habe sie etwas Falsches gesagt.

»Er kommt ja jetzt bald nach Berlin«, sagte ich. »Geht ihr hin?«

»Wenn ich frei kriege«, sagte der Pressetyp. »Aber ich stehe eigentlich nicht so auf diesen ganzen Personenkult.«

Im Hörsaal begann eine amerikanische Band französische Popsongs aus den Sechzigern zu spielen, und wir gingen tanzen. Eine lange Polonaise kam in Gang; irgendwann glaubte ich auch Daniel Cohn-Bendit in der Schlange zu sehen, der dreißig Jahre älter sein musste als alle anderen. Ein paar Minuten später wurde ich nach vorn zur Bühne gedrängt. Links von mir wippte jetzt tatsächlich Dany le Rouge. Das war mein Moment: mein Idol, zu französischer Popmusik tanzend! Ich musterte ihn: Er tanzte ekstatisch, schnippte immer wieder mit den Fingern und biss sich auf die Lippen wie weiße College-Kids, wenn sie James Brown hören. Ich beobachtete ihn eine Weile. Doch während ich zusah, wie er zuckte und schnippte und sich auf die Lippen biss, wusste ich, dass es vorbei war.

Ich hatte von einer Nacht revolutionärer Verbrüderung geträumt, doch stattdessen setzte ich mich in den lila Golf und fuhr zurück nach Berlin, so schnell mich meine Reifen trugen, was nicht schnell war, aber immer noch schneller, als die Grünen wollten. Ich war Opfer des Personenkults geworden. Diese Lektion hatte ich gelernt. Es würde mir nicht noch einmal passieren, ganz gleich wie toll die Leute diesen Neuen, diesen Obama, fanden.

Während Obama in jenem Sommer auf der ganzen Welt die Herzen höher schlagen ließ, blieb ich eher nüchtern. In der *New York Times* las ich, dass in Paris und Madrid wildfremde Leute Amerikanern zu »Präsident Obama« gratulierten, auch wenn die Wahl noch Monate entfernt war. Das war allerdings interessant – Amerikaner zu sein war plötzlich wieder cool. In Paris, hieß es, benutzten die Männer Obama, um sich von Mädchen Küsse zu erschleichen. Auf einmal tat ich etwas, das ich jahrelang vermieden hatte: Ich sprach Englisch auf der Straße, meistens indem ich mit erfundenen Gesprächspartnern telefonierte. Niemand bemerkte es. Ich klebte einen Obama-Aufkleber auf mein Auto; FvD verlangte, dass ich ihn abmachte, damit ihre Kollegen sie nicht für zu politisch hielten.

Dann, plötzlich, schlug der Obama-Effekt auch bei uns ein: FvD verkündete, dass die Familie zur Wahl nach Amerika reisen würde – zumindest sie, für ihren Fernsehsender. Ich wog eine Weile die Risiken ab, die eine Reise ins Mutterland des Personenkults barg. Doch seit meinem Debakel mit Dany le Rouge fühlte ich mich desillusioniert und gewappnet, und da ich nichts Besseres zu tun hatte, packte ich Lulu ein, und wir machten uns auf den Weg zu meinen Eltern nach Ohio.

Meine Hoffnungen für den Aufenthalt in Amerika waren bescheiden: Vielleicht schaffte ich es, meinen neuen Pessimismus mit der mir eigenen subtilen Art zu verbreiten. Meine Familie sollte sich nicht zu große Hoffnungen machen, dass ein Demokrat die Wahl gewann, wenn am Ende doch wieder nur irgendein skrupelloser Republikaner Präsident wurde. Eins hatte ich von meiner Begegnung mit Daniel Cohn-Bendit gelernt: Begeistere dich nie zu sehr für eine Person.

Meine Schwester Ellen, gerade frisch aus New York eingetroffen, holte mich vom Flughafen ab. Sie arbeitete ehrenamtlich für Obamas Wahlkampfteam und war in den ärmeren Gegenden im Grenzland von Pennsylvania und dem Staat New York von Haus zu Haus gegangen, um Leuten, die in schmutzigen Feinrippunterhemden die Tür öffneten, zu sagen, dass sie für Obama stimmen sollten.

Einmal hatte ihr eine Frau mit einem blauen Auge aufgemacht; als meine Schwester ihr Anliegen vorgebracht hatte, brüllte die Frau ins Haus: »Wen wählen wir noch mal?«

»Wir wählen den Nigger«, schallte die fröhliche Antwort heraus.

Die finstere kleine Geschichte schien meine Schwester zuversichtlich zu stimmen, doch als ich davon hörte, kam ich mir vor wie auf dem Mars.

Auf der Fahrt vom Flughafen aufs Land begannen Wahlkampfschilder für Obama aus Feldern und Vorgärten zu sprießen. Ich traute meinen Augen kaum: Selbst dicke Lincoln Navigator SUVs, die von sonnenverbrannten Männern in Golfhemden gefahren wurden, hatten Obama-Aufkleber an der Heckscheibe.

Der verängstigte Deutsche in mir schöpfte vorsichtig Hoffnung; doch die Skepsis überwog.

Mein heimliches Idyll wurde unsanft gestört von einem Vorfall, der für das ländliche Ohio typisch war: Ein röhrender Pick-up-Truck überholte uns auf der rechten Spur. Ich schrie.

»Wo ist die Fahrspurdisziplin in diesem Land!«, rief ich. »Die Leute fahren wie Verrückte.« Ich suchte mein Handy heraus.

»Was machst du da?«

»Ich schieße ein Foto und melde den Vorfall bei der Polizei.«

»Ich glaube nicht, dass das eine gute Idee ist«, sagte meine Schwester. Durch die Heckscheibe des Truck, der uns passiert hatte, konnte man einen Gewehrständer mit zwei Schrotflinten erkennen. Außerdem klebte ein McCain/Palin-Aufkleber an der Scheibe.

»Diese Typen schießen erst und stellen dann die Fragen«, sagte Ellen, während der Truck vor uns weitere Wagen im Slalom überholte.

Als wir abends mit der ganzen Familie beim Abendessen saßen, ich auf dem gleichen Stuhl, auf dem ich schon als Kind gesessen hatte, spürte ich, wie der Therapeut in mir an seinem Käfig rüttelte. Meine Schwester und mein Vater lästerten seit zwanzig Minuten über die Bush-Regierung, doch ich wollte über den Vorfall auf der Straße diskutieren. Warum hatte ich so heftig reagiert? Was ließ sich aus dem Vorfall lernen?

Sowohl mein Vater als auch meine Schwester sahen mich verwirrt an. Mein Vater redete weiter, als habe er mich nicht gehört. »Ich habe ihnen eine Chance gegeben.« Er sprach von den Republikanern. »Aber sie haben sich das Land genommen und wollten nichts zurückgeben. Ich hoffe nur, dass Amerika so weit ist, einen Schwarzen zu wählen. Ich habe meine Zweifel.«

Ich sagte etwas über die Mehrwertsteuer und dass eine

Anhebung gut gegen die Staatsverschuldung wäre. Sie starrten mich an, als würde ich Nonsens reden. Solche Blicke hatte ich in Deutschland zum letzten Mal geerntet, als ich Reden über die RAF schwang; nur dass meine Eltern und meine Schwester eher verwirrt als verächtlich waren.

Nach dem Essen gingen Ellen und ich in eine der zwei Bars unserer Kleinstadt. Beim dritten Bier warf sie mir vor, dass ich ein arroganter Europäer geworden sei, der auf Amerika herabsah und sich, schlimmer noch, an technokratischen Nickeligkeiten festbiss, während viel Wichtigeres auf dem Spiel stand. Sah ich denn nicht, dass große Veränderungen bevorstanden?

»Ich bin jetzt schon erschöpft«, sagte sie, »und die Wahl findet erst in einem Monat statt. Es ist ein echtes Drama.«

»Und ich bin erschöpft von Mehrwertsteuer-Debatten und Kita-Diskussionen.«

In diesem Augenblick verstand ich den Unterschied zwischen den Blicken der Leute in Deutschland und denen, die ich in Amerika bekam. In Deutschland hatten sie immer eine Erklärung bereit, ob ich wollte oder nicht; in Amerika dagegen hielten mich die Leute einfach für übergeschnappt oder unsympathisch. Man gab mich auf, obwohl ich eigentlich nur eine Lektion gebraucht hätte.

Es war kühl, als wir später durch meine kleine Heimatstadt mit den alten Kolonialhäusern und Vorgärten nach Hause gingen. In fast jedem Vorgarten stand ein Wahlkampfschild. Wir schlenderten an einem McCain-Schild vorbei, das ziemlich nah am Bürgersteig war; meine Schwester packte zu, riss es aus und nahm es mit.

»Jetzt bist du dran«, sagte sie.

»Ist das nicht, äh ... verboten?«, fragte ich.

»Na los. Du bist doch noch Amerikaner, oder? Sei nicht so deutsch.«

Wir erreichten die Sackgasse, in der das Haus meiner Eltern stand. An der Ecke bot sich ein vortreffliches Ziel: ein McCain-Schild mitten auf einem kleinen Hügel, das jedem Vorbeifahrenden ins Auge stechen musste. Meine Schwester sah mich herausfordernd an.

»Wir sind Amerikaner. Amerikaner reißen anderer Leute Schilder aus. Es geht ganz einfach: Zieh es aus dem Boden, trag es über die Straße und wirf es in den Graben«, erklärte sie mit biblischem Ernst.

Moralisch stand ich vor einem ernsthaften Dilemma. Was würde Daniel Cohn-Bendit tun? Oder vielmehr der junge, coole Dany le Rouge? An wen sollte ich mich halten? Mein protoreptilisches, in Ohio sozialisiertes Ich wollte das Schild in den Graben werfen. Mein jüngeres, deutsches rationales Ich des Langen Marsches wollte, dass ich anderer Leute Eigentum respektierte und mich nicht kindisch und destruktiv verhielt. Langsam streckte ich die Hände aus. Das Schild war überraschend leicht – Plastik, nicht Metall wie früher in meiner Kindheit. Es herauszuziehen würde mich nicht die geringste Kraft kosten. Doch ich zögerte. War ich wirklich Amerikaner? Meine moralische DNA war völlig durcheinander.

Dann war der Tatort plötzlich taghell: Ein Wagen kam um die Ecke, und wir standen blinzelnd mitten im Scheinwerferlicht. Der Wagen hielt an. Vielleicht war es die Polizei, vielleicht war es auch der Nachbar, dessen Eigentum wir stahlen. Oder ein aufgebrachter McCain-Anhänger, der genau wusste, was wir vorhatten.

»Könnt ihr mir erklären, was ihr da macht?«, meldete sich die Stimme meines Vaters hinter den Scheinwerfern.

»Wir wollten nur das Schild richtig hinstellen«, sagte meine Schwester ohne zu zögern. »Es war schief.«

Wir kletterten aus dem Efeu des Nachbarn und liefen die letzten fünfzig Meter neben dem Wagen her. Mein Vater war bei irgendeinem Komitee gewesen, und das Treffen hatte länger gedauert. Er hatte angehalten, sagte er, weil letzte Woche jemand sein Obama-Schild herausgerissen hatte und er stinksauer gewesen war, dass jemand sein Recht auf Meinungsäußerung so rüpelhaft verletzte.

Auf dem Heimweg schämte ich mich. Ich war kein junger Revoluzzer, der gestohlene Porsche fuhr oder oben auf den Barrikaden stand: Ich war Mitte dreißig (okay, Ende dreißig) und meine Schwester auch. Wir waren beide verheiratet und hatten Kinder, und doch schlichen wir uns nachts in die Gärten anderer Leute und zertrampelten ihre Hecken, um ihre politischen Bekenntnisse zu stehlen. Es kam mir uramerikanisch vor und wie das Benehmen von Leuten, die sich weigerten, erwachsen zu werden. Das war nicht der Lange Marsch durch die Institutionen: Es war die Kurze Route zur Dummheit.

Als ich ins Bett ging, rief ich FvD an, die in Washington drehte.

»Was ist denn so in Deutschland los?«, fragte ich.

»Keine Ahnung. Wir haben hier gerade eine Wahlversammlung für Obama gefilmt. Es war unglaublich – die Leute sind außer Rand und Band.«

»Ich bin jetzt schon erschöpft«, sagte ich. »Meine Schwester und ich wurden erwischt, als wir ein McCain-Schild klauen wollten. Ich glaube, ich muss zurück nach Deutschland – ich bin noch nicht bereit für so was. Ich habe das Gefühl, ich werde verrückt.«

»Ralphy le Rouge stürmt die Barrikaden.«

»Überhaupt nicht. Ich bin für den Langen Marsch und so weiter. Ganz im Ernst.«

»Mein Freund, du hast noch nicht mal angefangen. Wer ist Präsident?«

Eine lange Pause entstand.

Dann sagte ich »George Bush« und legte auf.

DIE MACHT DER WAHRHEIT

Für die Zugfahrt nach Frankfurt hatte ich mich schick gemacht: Frankfurt war eine Geschäftsstadt, anders als Berlin. Außerdem lag ein langer Flug vor mir, und ich hatte die Mahnung meines Vaters verinnerlicht, dass man sich auf Reisen lieber zu gut als zu bequem anzog: Trug man einen feinen Anzug, wurde man gut bedient und vielleicht upgegradet; trug man Jogginghosen, konnte man sich gleich ein Schild um den Hals hängen, dass man arbeitslos war.

Vor dem Check-in-Schalter von Singapore Airlines am Frankfurter Flughafen standen mehrere Leute mittleren Alters, die es vermieden, einander anzusehen. Ich sah auf dem zusammengefalteten Ausdruck der E-Mail nach, auf dem stand, wo ich hin musste: Ja, hier war unser Treffpunkt. Dies war meine Reisegruppe, dies waren die Leute, von denen ich hoffte, sie würden während des bevorstehenden Abenteuers meine Freunde sein. Wir waren zu einer Pressereise nach Bali eingeladen, wo wir eine Woche lang uralte Tempel bewundern würden und zusehen, wie sich glitzernde Wellen an weißen Stränden brachen. Endlich hatte ich den Job, von dem ich jahrelang geträumt hatte: Für die Dauer der Reise war ich Reisejournalist. Ich nahm meine Verantwortung ernst, daher der Anzug und mein pünktliches Erscheinen. Und ich war nicht der Einzige, der sich schick gemacht hatte: Unsere Gruppe bestand aus drei Damen zwischen fünfzig und fünfundsechzig in Geschäftskleidung, einer Frau mit grell pink gefärbten Locken, die eine Hippie-reife Kollektion verwaschener Karo- und Paisley-Muster trug, und einem jungen Mann, der eine Art Praktikant zu sein schien. Er war der Einzige, der wie ein cooler Berliner angezogen war, mit mehreren Lagen T-Shirts und Sweatshirts und Dreitagebart. Sofort bereute ich, dass ich meinen blauen Anzug trug: Der Praktikant wirkte wie der Einzige, mit dem ich rumhängen wollte, und er würdigte mich keines Blickes.

Wir erreichten unser Hotel am späten Nachmittag des folgenden Tages, nachdem ich sechzehn Stunden lang zwischen zwei gewaltigen australischen Touristen eingeklemmt gewesen war. Doch das war sofort vergessen: Das Hotel in Ubud, im Landesinneren, bestand aus einer Reihe von miteinander verbundenen Stelzenhäusern mit Blick über die Reisfelder und ein üppiges Flusstal. Wie ein guter Reporter machte ich mir, sobald wir die Lobby betraten, Notizen und schrieb wild mit, während sich die anderen nach dem Frühstück erkundigten. Als ich in den Dschungel jenseits der Reisfelder blickte, fragte ich mich, ob dort Taranteln lebten. Im gleichen Moment hörte ich, wie hinter mir in der luftigen Halle ein schreckliches Wort ertönte.

»Alter«, rief eine kehlige, selbstgefällige Stimme. »Ich brauch so was von dringend 'ne Margarita.« Zuerst dachte ich, es sei Alan, aber leider war er es nicht. Alan ist der einzige Mensch auf der Welt, der einen Satz mit »Alter« beginnen kann, ohne ein komplettes Arschloch zu sein. Leute, die ständig »Alter« sagen, sind die unangenehmsten Amerikaner: solche, die immer Unmengen Dope rauchen und saufen und die, wenn sie besoffen sind, gewalttätig werden. Ich zog den Kopf ein und versteckte mich hinter einer der größeren Damen meiner Gruppe, um nicht als Landsmann identifiziert zu werden.

»Ich könnte 'n Bierchen vertragen«, sagte sein Begleiter. »Alter, das is' mehr so familienmäßig. Lass uns abhaun.«

Die Stimmen wurden leiser, und ich richtete mich wieder auf. Vielleicht war mein extremer Jetlag für einen Teil meiner Panik verantwortlich. Aber er erklärte nicht, warum ich mich in der Gesellschaft meiner deutschen Reisekameraden so geborgen fühlte. Das war neu.

Dann hörte ich wieder Englisch.

»Entschuldigung«, sagte eine weibliche Stimme oberlehrerhaft. »Unser Bus zum Affentempel ist immer noch nicht da. Können Sie den Fahrer anrufen? Ich werde hier von Moskitos aufgefressen.« Die Stimme gehörte einer extrem dicken Amerikanerin mit kleinen, eng anliegenden Löckchen. Auch sie war etwa um die fünfzig, doch ihre provinziell amerikanische Missachtung jeder Ästhetik ließ die Journalistinnen meiner Reisegruppe in ihren bürotauglichen Hosenanzügen majestätisch aussehen.

Im Lauf der Woche sah ich noch viele Amerikaner in leuchtend bunten, übergroßen Kleidern. Die Ehemänner knipsten Fotos, während sich die Ehefrauen ostentativ zu langweilen schienen. Als ich sie sah, musste ich an die Urlaube in meiner Kindheit denken. Damals hatte ich das gleiche Unbehagen gespürt, wenn ich Amerikaner im Ausland sah. Ihre Stimmen waren durchdringender als Straßenlärm, Mopeds, Autos und jede andere Unterhaltung. Unser Reiseführer Putu, ein Balinese etwa in meinem Alter, der ein rotes Stirnband trug, schüttelte immer den Kopf, wenn er sie sah, und murmelte »Hati, Hati«, was sich in etwa mit »Nur die Ruhe« übersetzen ließ.

Am Ende wäre alles nicht so schlimm gewesen, bis auf die Sache mit den Hakenkreuzen. Nach ein paar Tagen in

Bali saßen die drei majestätischen Damen, die pinkhaarige Wellness-Redakteurin, der Praktikant und ich auf der Terrasse eines Restaurants und wurden von einer Armee von Kellnern bedient. Während wir bestellten, schallten die Stimmen mehrerer Amerikaner herüber, die gerade die Treppe heraufstiegen.

»Hast du die *Hühner* im Hof gesehen?«, kreischte eine Frau.

»Da hat es vielleicht nach Urin gestunken«, sagte eine andere.

»Das war die kleinste Hütte, die ich je gesehen habe«, sagte ein Mann.

Drei Männer in karierten Hemden mit kurzen Ärmeln tauchten auf der Terrasse auf, die Gesichter rot von der Sonne. Sie wurden begleitet von zwei Frauen in breit gestreiften T-Shirts. Alle waren um die sechzig, wie die meisten meiner Reisebegleiter. Die Kellner setzten die Neuankömmlinge an den Tisch neben uns. Nach ein paar Minuten flog der erste Pfeil.

»Sprechen Sie Deutsch?«, fragte einer der Männer und sah uns an, als wären wir eine Artistengruppe, die ein Kunststück vorführte.

Bei uns übernahm die Wellness-Redakteurin mit dem pinken Haar den Umgang mit den Neuankömmlingen. »Ja«, konterte sie. »Sprechen Sie Englisch?«

»Haben Sie sich schon die Sehenswürdigkeiten angesehen?«, fragte der zweite sonnenverbrannte Amerikaner. »Wir haben schon die ganze Insel durch. Tolles Land. Und dieser Affentempel – sehr beeindruckend.« Anscheinend hatte ihm gefallen, was seinen Reisebegleitern zu Dritte-Welt-mäßig war.

Die lautere der beiden Frauen kreischte: »Liebling! Da ... sind ... *Hakenkreuze*!«

»Wo, wo?« Ihr Mann sprang auf, als wäre eine Herde Hakenkreuze im Anmarsch, um den Tisch zu verschlingen und seine Kameraden zu ermorden.

»Da, in den Schnitzereien! Am Geländer!«

Anklagend blickten die Frauen zu uns herüber. Wir waren Deutsche. Wahrscheinlich war es unsere Schuld, dass hier überall Hakenkreuze waren.

»Sie wissen bestimmt, dass das ein uraltes hinduistisches Symbol ist. Mit Nazis hat das nichts zu tun«, erklärte die Wellness-Redakteurin. »Aber uns ist auch nicht ganz wohl dabei«, setzte sie diplomatisch hinzu.

In diesem Moment schaltete sich Putu ein. »Hinduismus!«, sagte er. »Nicht Politik!« Er griff nach einer Serviette, zeichnete etwas darauf und hielt sie hoch, damit wir es sehen konnten. Die Wellness-Redakteurin hustete: Es war seltsam zuzusehen, wie jemand in der Öffentlichkeit begeistert Hakenkreuze zeichnete. Die Deutschen lächelten verlegen oder sahen auf den Boden, als Putu mit der nächsten Serviette begann. »Schau, schau, nur Religion!«, sagte er und hielt die Serviette hoch. »Andersherum! Nicht europäischer Krieg! Hati, Hati.«

»Er soll aufhören«, rief die Frau aus New York ihren männlichen Begleitern zu. Dann warf sie uns einen weiteren anklagenden Blick zu, und ihre Locken zitterten vor Empörung. »Ich begreife nicht, wieso wir ausgerechnet eine Nazi-Insel besuchen«, rief sie. »Also, ich kann das nicht.«

Es gab ein kurzes Gerangel um die Rechnung, und dann waren sie verschwunden. Ich seufzte erleichtert, auch wenn meine Begleiter ziemlich betroffen waren. Ein ganz normaler Tag im Leben eines deutschen Reisenden, dachte ich; und ich wusste, dass ich bei ihnen bleiben wollte, überall, solange es nicht zu nahe bei den meckernden Amerikanern war. Hakenkreuze waren vielleicht ein extremes Beispiel für Dinge, die einem auf tropischen Inseln begegnen können, aber die Deutschen hatten gezeigt, dass sie Weltreisende von echtem Schrot und Korn waren: Sie waren bereit, feine Unterschiede zu machen und auf Nuancen zu achten. Ich wünschte nur, Putu hätte endlich aufgehört, seine Symbole für uns zu zeichnen. Noch auf der Busfahrt bastelte er vor sich hin, als wollte er einen Themenabend zum Reichsparteitag dekorieren.

Das Abendessen wurde oben auf einem Baum serviert. Wir saßen auf einer Plattform im Geäst, tranken Bier und aßen von Bananenblättern, während irgendwo in der Nähe eine Horde Affen kreischte. Ich hörte dumpfe Schläge unter uns und stellte mir vor, wie Kokosnüsse oder Papayas von den Bäumen fielen, während ich angestrengt den Gedanken an die Taranteln verscheuchte.

»Sie sind also auch Reisejournalist, Herr Martin?«, fragte die Wellness-Redakteurin, als ein Kellner die Bananenblätter abräumte. »Da Sie Amerikaner sind, sind wir alle sehr neugierig, was Sie auf einer deutschen Pressereise machen.«

Ich erwähnte, dass ich einen Artikel über Aldi geschrieben hatte. Plötzlich lehnten sich alle vor, und im Kerzenlicht blickten mich fünf Augenpaare lebhaft an.

»Wenn man eine große Familie hat, ist man wirklich dankbar für die Preise dort«, sagte eine der Damen, eine etwas altmodische Hannoveranerin.

»Ich weiß nicht. Ich meine, die Sachen sind doch nicht ökologisch. Was ist mit Pestiziden und so weiter?«, fragte eine stolze Hamburgerin. »Wobei ich zugeben muss, dass ich den Champagner gerne trinke.«

Ich zuckte die Schultern, um zu zeigen, dass ich Neutralität wahrte – ich hatte gegen keine ihrer Meinungen etwas einzuwenden.

Dann räusperte sich der junge Praktikant, der bisher geschwiegen hatte. »Das Beeindruckende an Aldi ist die *Rationalität.* Sie haben eine Menge Innovationen durchgezogen, die ganze Logistik und das Verteilersystem sind einfach …«

Ich kannte die Argumente gut, doch ich war froh, sie hier in den Baumwipfeln über Bali wieder zu hören. Es fühlte sich irgendwie warm und tröstlich an. Gleichzeitig hatte ich das Gefühl, in eine neue Dimension überzugehen, wo die Idee der Ewigen Wiederkunft lebendig wurde. Am anderen Ende der Welt spürte ich eine Woge von Gemütlichkeit, ein

Gefühl der Zugehörigkeit, das mir bisher in Deutschland entgangen war. Ich fasste einen Vorsatz: Ab jetzt würde ich immer mit Deutschen reisen.

Ein paar Monate später, im Hochsommer, nahm ich an einer weiteren Pressereise für eine deutsche Zeitung teil. Diesmal ging es nach New York. Da wir in meine Heimat fuhren, wollte ich für meine Reisegruppe den Gastgeber spielen – sie bestand aus Journalisten verschiedener rheinländischer Zeitungen und unseren Reiseführern Jörg und Susanne, zwei sehr ernsthaften Public-Relations-Mitarbeitern einer Tourismus-Firma. Auf dem Flug von Frankfurt und im Taxi vom Flughafen erfreute ich meine Begleiter mit grässlichen Geschichten, wie fett die Leute auf den Straßen sein würden, wenn wir ankamen. New York war vielleicht eine Hauptstadt der Mode, sagte ich, aber wartet, bis ihr unser Hotel seht – am Times Square findet man die größte Ansammlung amerikanischer Touristen auf der ganzen Welt; schlimmer geht's nicht. Wir würden Paare zu sehen bekommen, die zwei Taxis nehmen mussten, weil sie zu fett waren, um zusammen in eins zu passen. In Restaurants würden wir sehen, wie sich die Leute das Essen reinschaufelten, als wären sie beim Schnellesswettbewerb einer Reality-Show. Außerdem waren amerikanische Touristen notorische Nörgler, sagte ich, selbst in ihrem eigenen Land.

Doch das Marriott Marquis Hotel, in dem wir wohnten, war eine Riesenenttäuschung. Die Lobby war so groß wie ein Häuserblock, mit Dutzenden von Empfangstischen und einer Fahrstuhlfront, so breit wie ein Wolkenkratzer, doch alle Gäste waren Europäer: gepflegte, aufrechte Menschen in nüchternen Farben mit Architektenbrillen. Und alle trugen sie Einkaufstüten. Der Euro war stark, der Dollar schwach, die große Rezession hatte eingesetzt, und plötzlich war New York zum Schnäppchenjagdgrund für Ausländer geworden.

Auf der Straße schlug uns die Hitze entgegen, und als wir zu Fuß zur Fifth Avenue und zum Times Square gingen, trat New Yorks fundamentale Anarchie zutage. Schon nach wenigen Straßen verlor ich den Überblick über all die Fußgänger, die bei Rot über die Straße gingen, die Taxis, die wilde Schlenker fuhren, die Leute, die am Steuer von riesigen SUVs mit ihrem Handy telefonierten. Ich schnalzte mit der Zunge, schüttelte den Kopf und erwartete Zustimmung von meinen Kameraden, dass das hier der blanke amerikanische Wahnsinn war. Aber sie ignorierten das schlechte Benehmen um sie herum. War ich etwa der einzig *wahre* Deutsche auf der Reise?

Ein Fahrradfahrer riss mich fast um, und ich spürte noch seinen heißen Atem im Nacken, als ich ihm nachschrie: »Um Himmels willen!«

»Du musst dich entspannen«, sagte Jörg, unser Fremdenführer. »Das hier ist New York!«

Entspannen? Ich glaubte es nicht. Jörg war der totale Nerd, und er sagte mir, *ich* sollte mich entspannen?

Als wir das Rockefeller Center erreichten, wurden wir bereits von der Frau erwartet, die uns durch das Gebäude führen sollte: eine runde Person namens Sally, die alles, was sie sagte, mit einem lauten Kichern untermalte. Ihrem Tonfall nach stammte sie von hier. Auf der Aussichtsterrasse, Hunderte von Metern über der Straße, war Sally voll in ihrem Element. »Sehen Sie sich um. Jedes Gebäude, das höher als fünf Stockwerke ist, gehört uns«, sagte sie, und dann kichernd: »Das war nur Spaß.« Sally sah aus, als wäre sie einmal hübsch gewesen, bevor sie zu viel Gin Tonic getrunken und/oder zu lange in der Sonne gesessen hatte. Dann erklärte sie, wen sie mit »wir« meinte: Tishman Speyer, die Immobilienfirma, der das Rockefeller Center gehörte. »Sehen Sie das da drüben? Das ist das Met Life Building, das früher Pan Am Building hieß. Und da ist das Empire State Building. Und dort, hinter dem Met Life, ist das Chrysler Building. Es gehört alles Tishman.«

»Schade, dass man das Chrysler Building nicht besser sieht«, bemerkte eine Frau von einem deutschen Radiosender. »Das Met Life steht im Weg.«

»Kein Problem! Ich rufe schnell bei Mr. Tishman an und sage ihm, er soll das Met Life ein paar Straßen versetzen lassen!«, rief Sally wiehernd. Eine dramatische Pause entstand, als Jörg die Arme vor der Brust verschränkte.

»Das geht doch gar nicht«, sagte er.

In diesem Moment spürte ich, wie meine Seele austrat und über meinem Körper schwebte, der sich ohnehin schon ziemlich hoch oben befand, hier auf dem Rockefeller Center. Um mich herum schämten sich meine Journalistenkollegen seines Ausbruchs teutonischer Humorlosigkeit. Doch von hier oben konnte ich hinter die Fassaden blicken. Im Grunde war es ganz einfach.

Es gab für jeden von uns eine Moral der Geschichte: Amerikaner, macht nicht so viele dumme Witze, nur weil ihr euch gern reden hört. Deutsche, macht euch locker, und nehmt nicht alles so bierernst. Dies war die Parabel der Weltbeziehungen. Und wie in Bali fühlte ich mich mehr zur deutschen Seite hingezogen: Lieber ein bisschen verkrampft sein als die ganze Zeit reden und dumme Witze machen.

Ich spürte eine Offenbarung kommen. War ich ... war ich ... ein Deutscher geworden?

Doch es war eins, so etwas auf dem Rockefeller Center zu denken; es im täglichen Leben anzuwenden war etwas anderes. Nach fünf Jahren hatte ich immer noch nicht die Erleuchtung erreicht. Dafür musste ich weiter mit Deutschen reisen.

Als Anfang 2008 die Rezession überhandnahm, wurden die Pressereisen weniger und kamen schließlich ganz zum Erliegen. Doch während ich schon fürchtete, meine neueste Karriere wäre am Ende, erhielt ich eine Einladung, die ich unmöglich ablehnen konnte: Eine Handy-Firma wollte, dass ich und ein Dutzend andere ihr Werk in der Nähe von London besichtigten. Sie stellten eine neue Reihe extrem hochpreisiger Handys aus Gold und Platin vor, gerade rechtzeitig zur Weltwirtschaftskrise. Das Ganze wurde als Luxusreise beschrieben.

Ich flog in der Business Class von Berlin nach London, wo mich ein schwarzer Mercedes am Flughafen abholte und zum Mandarin Oriental Hotel am Hyde Park brachte. Beim Abendessen lernte ich acht amerikanische Journalisten mit Jetlag kennen: ein Haufen erlesen gekleideter junge Männer und gnadenlos blonder, dürrer junger Frauen aus Manhattan, die allesamt genau achtundzwanzig Jahre alt waren und sich mit Lichtgeschwindigkeit in Auskennersprache über die Probleme der Marke Hermès und verwandte Themen unterhielten. Außerdem waren da zwei russische Journalistinnen, die schüchtern lächelten und sich ihrer Anwesenheit zu schämen schienen. Und es gab den unausweichlichen deutschen Miesepeter, in diesem Fall Anton, der das typische Berliner Outfit trug, bestehend aus einem extrem unauffälligen grauen Sweatshirt und schmutzigen Jeans. Er schien leicht irritiert von den New Yorkern zu sein. Bei mir lösten sie paradoxe Gefühle aus: körperliche Übelkeit, gepaart mit dem grässlichen Bedürfnis, von ihnen akzeptiert zu werden. Das waren die Leute, die mich aus New York vertrieben hatten, die reichen Söhne und Töchter mit hochbezahlten Jobs bei Condé-Nast-Zeitschriften, perfekte junge Menschen, die die Blase ihres Reichtums noch nie verlassen hatten. Ich hatte jahrelang unter ihnen gelebt, bevor ich nach Deutschland gezogen war; und ich hatte den heimlichen Wunsch dazuzugehören, nie überwunden. Vielleicht kam ich diesmal von ihnen los, an diesem Wochenende. Ich hatte das Gefühl, es war die letzte Hürde, die ich nehmen musste, um ein waschechter ehrlicher Deutscher zu werden, dem es um innere Werte und nicht um Äußerlichkeiten ging. Aber es würde nicht einfach werden.

Es war unfassbar, wie viel Geld die Handy-Firma an diesem Wochenende für uns ausgab: Riesige Maybach-Limousinen waren angemietet, um uns zum Abendessen in schicke Restaurants zu fahren, wo ganze Säle nur für uns reserviert waren. Die Amerikaner amüsierten sich prächtig und schickten die ganze Zeit Textnachrichten und Fotos mit dem Handy zurück nach New York. Die Russinnen hielten sich zurück, und Anton der Berliner starrte argwöhnisch vor sich hin. Dann kam die Busfahrt durch eine fast kitschig grüne englische Landschaft zu dem Werksgebäude, das sauber und hell war und in dem sich jede Menge »Handwerksmeister« über Telefone beugten, als seien es Schweizer Uhren. Später, als wir wieder in unserem schicken Hotel waren, kam die abschließende »Pressekonferenz«. Dazu setzten sich die Journalisten vor eine Videoleinwand und sprachen mit der Projektion des Mannes, der die Gold-und-Platin-Handys entworfen hatte.

Die New Yorker stellten ein paar Fragen nach seinen Inspirationsquellen und verglichen die Telefone mit Uhren, von denen ich nie gehört hatte. Ein »günstiges« Modell aus Edelstahl mit Goldtasten wurde herumgereicht: Es lag in der Hand wie ein Backstein und kostete dreitausend Euro. Dann wurde es still. Der Telefondesigner fragte, ob wir noch Fragen hätten. Er rutschte hibbelig auf seinem Stuhl herum und ließ keinen Zweifel daran, dass er Besseres zu tun hatte.

»Entschuldigen Sie, aber ich bin nicht überzeugt«, erklärte Anton plötzlich. Im Saal zuckten Augenbrauen hoch, während mein Herz schneller klopfte: Joschka Fischers magische Worte von der Münchner Sicherheitskonferenz.

»Ich weiß nicht, was Sie meinen«, sagte der Designer auf der Leinwand.

»Ich bin nicht überzeugt, dass es für solche Telefone Bedarf gibt. Außerdem glaube ich nicht, dass die Menge Gold, die Sie verwenden, den Preis rechtfertigt«, fuhr Anton fort. »Wer soll die Zielgruppe sein? Für mich sieht es offen gesagt aus wie ein Gangster-Spielzeug.«

Die russischen Journalistinnen kicherten leise. Ich war sprachlos. Anton hatte das getan, wozu mir der Mut fehlte: Er hatte in einer lächerlichen Situation die Wahrheit ausgesprochen. Er war wie Jörg, nur mit weniger Nerd-Anteilen und dafür selbstsicherer. Es war etwas Verderbliches an der Idee einer Pressereise – man wurde von der Public-Relations-Abteilung einer Firma eingeladen, damit man etwas Nettes über einen Ort oder ein Telefon oder sonst etwas schrieb –, selbst wenn die Journalisten beschworen, sie würden objektiv bleiben. Es brauchte schon einen Deutschen, um bloßzustellen, wie korrupt wir eigentlich waren: Wir ließen uns verwöhnen, damit wir eine Geschichte über ein Telefon mit goldenen Tasten schrieben.

»Offen gesagt verstehe ich Ihre Frage nicht. Für welche Zeitung schreiben Sie?«, fragte der Designer von der Leinwand. »Ich fürchte, ich muss jetzt Schluss machen – ich habe eine Konferenzschaltung mit den Investoren.« Er dankte uns kurz, dann schaltete er sichtlich genervt die Übertragung ab.

Ich wagte es nicht, den zornigen Anton anzusprechen. Selbst als wir auf dem Rückflug im gleichen Flugzeug saßen, hielt ich Distanz; höchstwahrscheinlich hatte er in den letzten Tagen gesehen, wie ich versuchte, mich bei den Condé-Nast-Snobs einzuschleimen. Aber ich hatte wieder eine Offenbarung: Anton wirkte wie ein mäßig depressiver Typ, der wahrscheinlich Therapie hinter sich hatte, sich zwanghaft mit der Geschichte auseinandersetzte und als Resultat über eine moralische Klarheit verfügte wie keiner sonst. Genau das war es, was ich wollte, die Summe all dessen, wonach ich mich gesehnt hatte, seit ich hergezogen war.

Als die Seen um Berlin durchs Flugzeugfenster in Sicht kamen, dachte ich an mein altes Ich, das vor fünfeinhalb Jahren hier angekommen war: ein total verklemmter Typ, dem alles verdächtig erschien. Dann war ich der Therapeut geworden, Prinz Germany, der Wohlfahrtskönig; doch alles waren nur Stationen auf dem Weg zu dem moralischen Fokus, der Deutschlands Geburtsrecht und Bürde ist. Als wir über den Süden der Stadt flogen, meinte ich, das Haus der Gräfin in Schöneberg zu sehen, gegenüber der Tankstelle; bald würde ich wieder dort sitzen und Discount-Schnitzel essen.

Dann machten wir eine elegante Schleife um den Fernsehturm und überflogen die Kita, wo Lulu in diesem Moment spielte und Ost-Berliner Sprachgut aufschnappte. Am Flughafen würde FvD in unserem lila Golf auf mich warten, und dann würde ich ihr, in aller Transparenz, von der unglaublichen Albernheit dieser Reise erzählen.

Meine deutsche Pubertät war zu Ende.

Ich war überzeugt.

Für ihre Hilfe und Unterstützung danke ich Anna Grobel,
Niklas Maak, Elisabeth Wellershaus und Anna Winger.